U0934736

2014年世界国防费发展报告

主　编　张玉华

国防工业出版社
·北京·

图书在版编目(CIP)数据

2014 年世界国防费发展报告/张玉华主编. —北京：国防工业出版社，2015. 12

ISBN 978-7-118-10616-9

Ⅰ. ①2... Ⅱ. ①张... Ⅲ. ①国防费 - 管理 - 研究报告 - 世界 - 2014 Ⅳ. ①E144. 21

中国版本图书馆 CIP 数据核字(2015)第 288670 号

※

国防工業出版社出版发行

(北京市海淀区紫竹院南路 23 号 邮政编码 100048)

北京京华虎彩印刷有限公司印刷

新华书店经售

*

开本 710 × 1000 1/16 **印张** 6½ **字数** 80 千字

2015 年 12 月第 1 版第 1 次印刷 **印数** 1—1500 册 **定价** 36. 00 元

(本书如有印装错误，我社负责调换)

国防书店：(010)88540777 发行邮购：(010)88540776

发行传真：(010)88540755 发行业务：(010)88540717

前　言

国防费是国家用于国防建设的经费，是中央（联邦）政府财政支出的一个重要项目。国防费投入直接关系到国家安全，进而影响到经济发展和社会进步，因此历来受到各国政府的高度重视。各国根据国内外安全形势，本国的军事战略、国防建设、经济发展情况等，确定国防费总量及其在国内生产总值和中央（联邦）政府财政支出中所占的比例，并通过加强管理和监督，提高国防经费使用效益。

为全面反映2014年世界主要国家国防费支出情况及其特点，把握世界国防费支出趋势，我们在前期研究成果和《国外国防费动态》的基础上，组织精干力量，编写了《2014年世界国防费发展报告》。本报告由三部分组成，第一部分为发展综述，主要对2014年世界主要国家国防费支出的总体规模、投入结构进行比较分析，并归纳和总结其投入的基本规律；第二部分为重要动态分析，主要介绍和分析 2014 年美、俄、英、法、德、日、印、北约等国家和集团国防费基本情况及其特点；第三部分为大事记，主要介绍 2014 年世界主要国家在国防费方面的重大事件。

鉴于编写人员的水平和所掌握的资料有限，本报告中尚有疏漏和不妥之处，敬请各位专家和学者提出宝贵意见。

编 者

2015 年 4 月

目　录

一、2014 财年世界主要国家国防费发展综述 ……… 1

（一）国防费总体规模比较分析 ……………… 1

（二）世界主要国家国防费投入结构比较分析 ……………………………… 7

（三）世界主要国家国防费投入的基本规律 ………………………………… 12

二、2014 财年世界国防费重要动态分析 ………… 19

（一）2014 财年美国防预算基本情况 ……… 19

（二）2014 财年美国陆军经费预算分析……… 22

（三）2014 财年美国海军经费预算分析……… 24

（四）2014 财年美国空军经费预算分析……… 27

（五）2014 财年美军装备科研与采购预算投入重点分析 ………………………… 30

（六）2014 财年美国防授权法案的主要特点 ……………………………… 37

（七）美国会预算办公室提出进一步削减国防开支方案 …………………… 40

（八）美国 2014 财年自动减赤对美军建设的可能影响 …………………… 42
（九）美国国会预算局对海军未来造舰成本的分析 …………………… 45
（十）2014—2016 财年俄罗斯国防预算情况 …………………… 48
（十一）2014—2016 财年俄联邦航天经费预算情况 …………………… 51
（十二）日本防卫省公布 2014 财年防务概算 …………………… 54
（十三）2014 财年日本防卫项目和预算投入重点 …………………… 57
（十四）2014—2015 财年印度国防预算投入情况 …………………… 60
（十五）2014—2019 财年法国国防费投入情况 …………………… 63
（十六）北约面临国防预算的削减压力 ……… 66
（十七）美国自动减赤对美军的影响研究 …… 68

三、2014 财年世界国防费大事记 ………………… 90

一、2014财年世界主要国家国防费发展综述

2014财年是世界主要国家国防费投入转折年。随着国际经济形势开始好转，世界主要军事强国国防费投入下滑或增速下降的趋势有所遏制，对各国国防和军队建设尤其是武器装备发展建设产生了较大的影响。

（一）国防费总体规模比较分析

国防费投入规模通常分为绝对规模和相对规模。其中，绝对规模是指一个国家在一个财年的国防费总额；相对规模是指国防费在国家经济中所占的份额，用国防费占国内生产总值（GDP）和国防费占中央（联邦）财政支出的比例，以及军人人均国防费、国民人均国防费等指标来表示。

1. 国防费总额比较

一般来说,国防费总额是指一个国家在一定时期内(通常为一个财年)所有用于国防和军事活动的支出总和。表1-1列出了2010—2014财年美、俄、英、印等世界主要国家国防费总额情况。通过对表1-1中的数据分析可以看出,2014财年世界主要国家国防费总额具有以下主要特点:一是俄罗斯、英国和日本的国防费投入规模继续上升。受以美国为首的北约东扩等外部威胁,民族分裂势力、宗教极端势力等内部威胁以及联邦政府加强国防和军队建设等综合影响,2014财年俄罗斯国防费投入继续呈快速增长的趋势,总额达887.5亿美元,较2013财年增长了122.8亿美元,增幅达16.1%。全球金融危机以来,英国中央政府财政收入受到了较大影响,其对国防建设的投入呈“波浪”形变化的趋势。2014财年,英国国内经济形势有所好转,其对国防建设的投入增加,较2013财年增长了8.9亿美元,增幅为1.5%。2014财年,日本加强自卫队建设,尤其是强化周边海域预警和监测能力以及空中力量建设,其国防费总额回升,增长16.95亿美元,增幅为3.0%。二是美国和印度的国防费投入规模小幅下降。2010 年年底，美联邦政府累积国债接近国会规定的 14.29 万亿美元上限，相当于当年国内生产总值的 92.28%，远远超过国际警戒线的 60% 水平。为避免政府关门和债务违约，美国国会于 2011 年 8 月通过了《2011 年预算控制法案》，在将国债上限提高到 16.39 万亿美元的同时，规定在 2012—2021 年的未来十年减少财政支出 2.1 万亿美元，使债务减回到 14.29 万亿美元的上限。其中，国防预算削减占全部财政减赤的比例为 50%，即 2012—2021 年国防预算削减额度为 1.05 万亿美元。受《2011 年预算控制法案》等影响，2014 财年，美国国防费投入规模继续呈小幅下降趋势，较 2013 财年下降 62 亿美元，降幅为 1.0%。

表 1－1　2010—2014 财年世界主要国家国防费总额比较（单位：亿美元）

国别	2010	2011	2012	2013	2014
美国	6931	7390	7030	6473	6411
俄罗斯	447.57	505.97	617.77	764.7	887.5
英国	575.5	589.7	575.7	581.5	590.4
日本	470.49	501.31	573.49	570.78	587.73
印度	319	360	404.4	374.0	364.0

注：1. 表中数据均来源于各国政府公布的国防预算报告；
2. 其他国家货币与美元的汇率均为当年平均汇率

2. 国防费占国内生产总值的比例比较

国防费占国内生产总值的比例,属于国防负担指标,这一比例主要反映国防投入与经济建设的基本关系。适度的国防费投入既能够满足国防建设的需要,又不致影响经济建设。表1-2列出了2010—2014财年美、俄、英、印等国家国防费占国内生产总值的比例情况。通过对这些数据分析可以看出,2014财年世界主要国家国防费占国内生产总值的比例具有以下主要特点:一是美国和俄罗斯国防费占国内生产总值的比例仍然远远高于其他国家。尽管美国国防费总额投入有所降低,但其占国内生产总值的比例仍超过4.0%,远远超过世界2.0%左右的平均水平。受国防费投入总额持续上升的影响,俄罗斯国防费占国内生产总值的比例仍呈上升趋势,2014财年达3.4%,较2013财年增长了0.2个百分点。二是各国国防费占国内生产总值的比例变化较平稳。2014财年,美国和英国国防费占国内生产总值的比例与2013财年持平,俄罗斯增长了0.2个百分点,而印度则下降了0.02个百分点。三是日本国防费占国内生产总值的比例未突破1%。受"国防预算应控制在国内生产总值1%"范围内的限制,2014财年日本国防费占国内生产总值的比例为0.998%。

表1－2　2010—2014财年世界主要国家国防费占GDP的比例比较(单位:%)

国别	2010	2011	2012	2013	2014
美国	4.8	4.8	4.4	3.7	3.6
俄罗斯	2.87	2.95	3.16	3.2	3.4
英国	2.4	2.5	2.3	2.2	2.2
日本	0.991	0.995	0.965	0.999	0.998
印度	2.12	1.83	1.9	1.79	1.74
注:表中数据均来自各国政府公布的国防预算报告					

3. 国防费占中央(联邦)政府财政支出的比例比较

国防费占中央或联邦政府财政支出的比例通常能反映中央政府对国防建设的投入和关注程度,是考察一国国防费投入的重要指标之一。由于国防是中央或联邦政府的事权,国防费直接来自中央或联邦政府财政支出,因此,国防费占中央或联邦政府财政支出的比例最能直接反映一个国家的国防负担。表1－3列出了2010—2014财年美、俄、英、印等国家国防费占国内生产总值的比例情况。通过对这些数据进行分析可以看出,2014 财年世界主要国家国防费占中央(联邦)政府财政支出的比例具有以下主要特点:一是各国国防费占中央(联邦)政府财政支出的比例基本上呈上升趋势。俄罗斯增长了1.8 个百分点,日本增长了0.1 个百分点,印度增长了0.37 个百分点,美国基本持平。二是国防费是中央(联邦)政府财政支出的保障重点。按照中央(联邦)政府和地方政府的事权划分情况,世界各国中央(联邦)政府财政支出主要用于国防、外交、教育、国家安全、社会保障等方面,其中国防支出一直是各国中央(联邦)政府财政支出的保障重点,国防费占中央(联邦)政府财政支出的比例也比较高。2010 财年以来,美国国防费占联邦政府财政支出的比例大致保持在18.0%左右,俄罗斯大致保持在15.0%左右,印度大致保持在13.0%左右。

表1－3　2010—2014 财年世界主要国家国防费占中央(联邦)财政支出的比例比较(单位:%)

国 别	2010	2011	2012	2013	2014
美国	19.85	18.88	19.43	17.47	17.46
俄罗斯	12.5	13.8	14.64	16.0	17.8
日本	5.1	5.2	5.2	5.1	5.2
印度	13.29	13.07	12.97	12.33	12.7
注:表中数据均来自各国政府公布的国防预算报告					

（二）世界主要国家国防费投入结构比较分析

按支出项目分类，世界主要国家国防费通常分为人员经费、装备费、活动与维持费等。

1. 人员经费比较

人员经费是指军队用于军职和文职人员、其他军事人员工资、福利、补贴等方面的所有支出。需要说明的是，美军文职人员经费包括在“活动与维持费”内，无法进行剥离，所以美军人员经费没有包括文职人员经费，只有军职人员经费。表1-4列出了2010—2014财年美、俄、英、印、日等国家人员经费预算情况。通过这些数据分析可以看出，2014财年世界主要国家人员经费预算具有以下主要特点：一是美、俄人员经费预算略有上升，而印、日人员经费预算略有下降。美军人员经费从1351亿美元上升到1371亿美元，增长20亿美元，增幅为1.48%；俄军人员经费增长31.03亿美元，增幅高达19.78%；日本自卫队人员经费预算从242.63亿美元下降到218.26亿美元，下降24.01亿美元，降幅为9.9%；印军人员经费预算基本持平。二是军队人员经费预算占国防费预算的比例基本保持稳定。2010财年以来，美军人员经费预算占国防费预算的比例大致保持在25.5%左右，俄军大致保持在22.0%左右，日本大致保持在43.0%左右，印军大致保持在30.0%左右。

表1－4　2010—2014财年世界主要国家军队人员经费预算情况

国别		2010	2011	2012	2013	2014
美国	总额（亿美元）	1411	1385	1428	1351	1371
	占国防费比例	26.22%	25.23%	25.82%	25.71%	26.03%
俄罗斯	总额（亿美元）	133.3	138.7	154.9	156.9	187.93
	占国防费比例	31.3%	27.4%	25.1%	20.5%	21.18%
日本	总额（亿美元）	207.45	225.06	255.57	242.63	218.26
	占国防费比例	44.1%	44.9%	44.6%	42.5%	43.48%
印度	总额（亿美元）	94.4	103.78	132.1	126.33	126.2
	占国防费比例	29.6%	28.9%	32.7%	33.78%	34.67%

注：1. 表中数据均来源于各国政府公布的国防预算报告；

2. 其他国家货币与美元的汇率均为当年平均汇率

2. 活动与维持费比较

活动与维持费是指军队用于教育训练、工程设施建设及维护、部队日常性支出等所有费用。需要说明的是,美军“活动与维持费”不但包括通常口径的经费,而且还包括文职人员经费和装备维修费。另外,日军和印军的活动与维持费无法进行归类,所以本部分仅对美、俄、日军的活动与维持费进行比较。表1-5列出了2010—2014财年美、俄、日等国家军队活动与维持费预算情况。通过对这些数据分析可以看出,2014财年世界主要国家军队活动与维持费预算具有以下主要特点:一是世界主要国家军队活动与维持费预算均有一定幅度的上升。受加强军事教育训练、燃料价格不稳定等因素的影响,2014财年世界主要国家军队活动与维持费预算略有上升,其中:美国军队活动与维持费预算增长6亿美元,增幅0.29%;俄罗斯军队活动与维持费预算增长13亿美元,增幅为17.06%;日本自卫队活动与维持费预算增长4.6亿美元,增幅15.3%。二是美、俄军队活动与维持费预算占国防费的比例基本保持稳定,日本则略有上升。受国防费预算增幅等影响,美、俄军队活动与维持费预算占国防费的比例基本保持稳定，其中：美军在39.7%左右，俄军在10.0%左右。另外，由于美军的“活动与维持费”预算中包括“文职人员经费”和“装备维修费”预算，所以其占国防费的比例最高，接近40%。

表1-5 2010—2014财年世界主要国家活动与维持费预算情况

国别		2010	2011	2012	2013	2014
美国	总额(亿美元)	1863	2002	2044	2088	2094
	占国防费比例	34.63%	36.47%	36.96%	39.74%	39.76%
俄罗斯	总额(亿美元)	55.3	67.0	69.1	76.2	89.2
	占国防费比例	12.36%	13.24%	11.19%	9.96%	10.05%
日本	总额(亿美元)	29.05	30.02	33.21	30.06	34.66
	占国防费比例	6.17%	5.99%	5.79%	5.27%	5.9%
注：1. 表中数据均来源于各国政府公布的国防预算报告； 2. 其他国家货币与美元的汇率均为当年平均汇率						

3. 装备费比较

装备费通常包括装备科研费、购置费和维修费等。需要说明的是，美军装备维修费包括在“活动与维持费”内，无法进行剥离，所以本部分美军装备费没有包括装备维修费，只有装备科研费和采购费。表1-6列出了2010—2014财年美、俄、日、印等国家军队装备费预算情况。通过对这些数据分析可以看出,2014 财年世界主要国家军队装备费预算具有以下主要特点:一是俄、日军队装备费预算呈较大幅度增长,而美、印军队装备费预算则呈小幅下降。近年来,俄罗斯政府决定加大军队装备经费投入力度,以尽快提高武器装备现代化水平,因此 2014 财年俄军武器装备经费预算增长 100.1 亿美元,增幅达 30%;日本为加强空中及海上装备建设,2014 财年装备经费增长 4.24 亿美元,增幅为 1.77%。受财政减赤及国防预算削减等影响,2014 财年美军装备经费预算下降 14 亿美元,降幅为 0.83%。二是各国军队装备经费预算占国防费预算的比例较高且基本保持稳定。2014 财年,俄、日、印等国家军队装备经费预算占国防费预算的比例均超过 40.0%,俄军最高,接近 50%。由于装备维修费未包括在装备经费中,所以美军装备经费预算占国防费预算的比例未达到 40%。

表 1-6 2010—2014 财年世界主要国家装备费预算情况

国别		2010	2011	2012	2013	2014
美国	总额(亿美元)	1860	1890	1883	1682	1668
	占国防费比例	34.57%	34.43%	34.04%	32.01%	31.67%

（续）

国别		2010	2011	2012	2013	2014
俄罗斯	总额(亿美元)	163.5	194.0	244.1	333.3	433.4
	占国防费比例	36.53%	38.34%	39.51%	43.59%	48.83%
日本	总额(亿美元)	206.79	215.58	249.34	239.32	243.56
	占国防费比例	43.95%	43.0%	43.48%	41.93%	41.44%
印度	总额(亿美元)	132.64	152.28	169.03	160.97	147.2
	占国防费比例	41.58%	42.3%	41.8%	43.04%	40.44%

（三）世界主要国家国防费投入的基本规律

通过对美、俄、印等国家国防费投入变动的分析和研究，可以得出以下几条国防费投入的基本规律。

1. 国防费支出是中央（联邦）政府财政支出的优先、重点保障项目

国防费开支是一种根据国家安全需求对社会产品的扣除，而这一扣除过程主要是通过中央（联邦）政府财政安排的国防预算进行的。也就是说，经济实力转换为实际的国防支出承受力，必须通过中央（联邦）政

府财政这一主要渠道来完成,中央(联邦)政府财政是国防费支出的主要来源。因此,对于任何一个国家来说,国防支出一直是中央(联邦)政府财政支出的优先、重点保障项目。

美国联邦政府财政支出由“国防”“人力资源”“物资资源”“净利息”“其他用途”和“未分配冲减性收入”等六大项组成。在每年联邦政府财政支出中,“国防”项目支出所占份额一直仅次于“人力资源”而居于第二位,近年来一直保持在18.0%左右,是美国联邦财政支出的重点保障项目。另外,美国联邦财政预算从总统提交到国会审查、批准和最后由总统签署的整个过程通常大约需要10个月。在该过程中,联邦财政预算的辩论、听证及各委员会的审查,加之预算问题本身可能存在的争议性,往往会推迟联邦预算议案在国会通过的日程。在这种情况下,国会通常要通过临时法案,即“继续决议案”,以确保国防部能将国防计划继续往下进行。从这一点可以看出,国防费支出是美国联邦财政支出的优先保障项目。

俄联邦政府财政支出主要由“国家管理”“国际活动”“国防”“护法活动和国家安全保障”“联邦司法系统”“基础研究和促进科技进步”“工业和建筑业”“农业和渔业”等20大项组成。在每年联邦政府财政支出中，国防费支出所占份额最大，1992 年以来基本保持在 15.0% 左右，是俄联邦财政支出的重点保障项目，即便是在国家经济陷入严重危机、联邦财政收入急剧下降的情况下也是如此。

2. 安全形势变化是确定国防费投入水平的根本出发点

国际形势及国家安全形势变化，直接影响着一个国家发展战略的方向和重点，并通过军事战略影响着国防建设，进而影响着该国国防费投入水平。冷战结束初期，世界大多数国家在压缩冷战时期极度膨胀的军队规模的同时，开始削减负担过重的国防开支。冷战结束至科索沃战争前，美国国防开支无论是绝对规模还是相对规模均呈下降趋势，并一直持续到 1998 年，其总体降幅达 1.59 个百分点。在同一时期，俄罗斯在压缩冷战时期极度膨胀的军队规模的同时，大幅度削减负担过重的国防经费开支，从而使国防预算规模由 1994 财年的 135.32 亿美元急降至 1999 财年的 34.71 亿美元，下降幅度高达74.35%，国防预算占国内生产总值的比例由 1994 财年 5.60% 急剧下降到 1999 财年 2.34%，降幅高达 3.26 个百分点。

但是，从冷战后愈演愈烈的局部战争和恐怖主义活动中，人们逐步认识到冷战后的世界并没有真正实现“和平均衡”。世界各国仍面临着恐怖主义、极端主义、分裂主义等威胁，完全有必要在加快经济建设的同时加大国防建设的投入力度。在经历了“9·11”事件后，美国政府在强制推行单边主义外交政策、维护“一超”独强的地位的同时，开始大幅度地增加国防经费的投入。虽然2008年以后国际上发生了严重的金融危机，但是世界各国仍保持较高国防投入，有的国家甚至仍呈逐年增长的趋势。近年来俄罗斯所面临的安全环境趋于恶化，政府不断加大国防费投入力度，加强国防建设。从前面的分析可以看出，2010—2013年，俄罗斯国防费投入无论是绝对规模还是相对规模均呈上升趋势。从绝对规模上看，俄罗斯国防费投入增幅高达98.3%，年均增幅达24.57%；从相对规模看，俄罗斯国防费占国内生产总值的比例从2.87%上升到3.4%，增长了0.53个百分点。

3. 国家奉行的军事战略是确定国防费投入水平的导向条件

一个国家所奉行的军事战略是确定该国国防费投

入水平的导向条件。冷战结束后，各国军事战略可粗略地划分为三种类型：全球或地区性扩张型军事战略、依附型军事战略以及独立防卫型军事战略。

奉行全球或地区性扩张型军事战略的国家，为了在全球范围内或某个地区获得军事力量的对比优势，往往将更多的资源用于军事目的，从而使得国防费占国内生产总值的比例较高，美国、印度等是这类国家的典型代表。美国在冷战后原苏联的威胁已完全消失的情况下，国防费占国内生产总值的比例依然保持较高的水平，完全暴露出了其奉行全球扩张战略，谋求世界霸权的企图。作为地区性大国，印度在控制印度洋、挤入“世界一等军事强国”的思想指导下，奉行地区性扩张军事战略，致使其国防费占国内生产总值的比例一直比较高。

奉行独立防卫型军事战略的国家，以保卫国家主权、领土完整和其他正当权益为目标，主张以和平对话和谈判方式解决争端。这些国家的国防费负担一般处于中等或中等偏下水平，部分国家由于其他因素的影响国防费负担可能较重，但也不会超出其正当的防务需求。我国是这类国家的典型代表。冷战后尤其是近年来，在经济实力和综合国力得到了快速发展的情况下，我国国防费占国内生产总值的比例依然保持在较低的水平，这表明我国发展有限的国防力量完全是出于正当防卫的需要。

奉行依附型军事战略的国家，一般国防费负担较轻，国防费占国内生产总值的比例基本稳定在较低的水平上。这些国家以中小国家为主，它们以建立同盟的形式，将本国利益与某个大国利益联系在一起，通过出让部分主权或其他权益，换取大国的安全保护。军事同盟具有不可分性，因而其国防费支出便有了公共品的性质，这使得部分成员国能够搭便车，或者以较少的国防费获利较大的安全利益。日本和北约一些小国是这类国家的典型代表。

4. 国家经济实力是确定国防费投入水平的经济基础

首先，国家经济承受力是国防费投入大小的基础。一般来说，经济实力雄厚的国家，国防费有充足的保障。近年来，美国国防费的投入规模一直保持在世界首位，除受国家安全形势、军事战略影响外，其雄厚的经济实力也为国防费不断增长提供了强有力的后盾。在经济增长较快的国家，国防费占国内生产总值的比例在保持不变甚至有所降低的情况下，国防费绝对规模也会有较大的增长。

其次,国家经济发展状况制约着国防费规模。作为国家公共开支重要组成部分的国防费,建立在国家经济发展基础之上。经济扩张时期,国内生产总值不断增长,需求旺盛,国防消费被视为促进国家经济持续增长的一个因素,很容易扩大。而在经济发展遇到困难时,国防费常常被列为削减的对象。独立后的俄罗斯就是一个典型的例子。俄罗斯独立的前几年,国家经济一直萎靡不振,国内生产总值呈负增长,国防费投入也就呈逐年下降趋势。近年来,随着经济转型计划的逐步落实以及世界能源价格上涨,俄罗斯经济"起死回生",政府也就能够把更多的资金投入到国防费建设上来。

第三,国家财政收入决定着国防费规模。国防费是国家财政收入再分配的一部分,国家财政收入的状况直接决定着国防费的规模。一般而言,财政收入水平较高的国家,维持国防费的承受力比较大;而财政收入比较拮据的国家,国防费规模不可能很大。

二、2014 财年世界国防费重要动态分析

（一）2014 财年美国防预算基本情况

2013 年 4 月 10 日，美国总统奥巴马向国会提交了《2014 财年美国国防预算》报告，确定了 2014 财年国防预算的投量和投向。从支出内容看，2014 财年美国防预算将对“重返亚太”、发展网络和特种部队以及全球机动能力等方面进行重点投入。

1. 国防预算总体情况

2014 财年，美国联邦政府申请的国防部基本预算为 5266 亿美元，较 2013 财年预算（5254 亿美元）增加 12 亿美元，增幅为 0.23%；海外应急作战预算暂定为 885 亿美元，与 2013 财年预算持平，具体数额由随后提交的《2014 财年海外应急作战预算》报告确定。

2. 按项目经费预算情况

(1) 军职人员经费预算。2014 财年军职人员经费预算为 1371 亿美元,较 2013 财年预算(1351 亿美元)增长 20 亿美元,增幅为 1.48%。其主要原因有:一是基本工资增长 1.0%;二是基本生活补贴增长 3.4%;三是住房补贴增长 4.2%;四是军队卫生保健费增长 1.4%。

(2) 活动与维持费预算。2014 财年活动与维持费预算为 2094 亿美元,较 2013 财年预算(2088 亿美元)增长 6 亿美元,增幅为 0.3%。其主要原因有:一是军队文职人员工资增长 1.0%;二是装备维修、油料和物资采购经费预算均有不同程度的增长。

(3) 装备采购费预算。2014 财年装备采购费预算为 993 亿美元,较 2013 财年预算(988 亿美元)增长 5 亿美元,增幅为 0.5%。其中,飞机采购预算为 344 亿美元,导弹采购预算为 68 亿美元,弹药采购预算为 29 亿美元,舰船建造与改造预算为 141 亿美元,武器和履带战车采购预算为 16 亿美元,其他项目采购预算为 395 亿美元。

(4) 装备科研费预算。2014 财年装备科研费预算为675亿美元,较2013财年预算(694亿美元)降低19亿美元,降幅为2.7%。其中,基础研究预算为22亿美元,应用研究预算为46亿美元,先期技术发展预算为51亿美元,先期部件开发与样机预算为121亿美元,系统开发与演示预算为137亿美元,研发管理保障预算为43亿美元,作战系统开发预算为255亿美元。

3. 按部门经费预算情况

2014财年陆军经费预算为1297亿美元,较2013财年预算(1346亿美元)下降49亿美元,降幅为3.6%;海军经费预算为1558亿美元,较2013财年预算(1559亿美元)下降1亿美元;空军经费预算为1444亿美元,较2013财年预算(1401亿美元)增长43亿美元,增幅为3.1%;国防部业务局经费预算为967亿美元,较2013财年预算(949亿美元)增长18亿美元,增幅为1.9%。

需要说明的是,该预算未将3月1日启动的自动减赤机制考虑在内,如果自动减赤机制问题在下一财年仍未得到解决,国防部将面临近520亿美元的开支削减。

（二）2014 财年美国陆军经费预算分析

2013 年 4 月 10 日，奥巴马总统向国会提交了《2014 财年美国国防预算》报告，对包括陆军在内的各军种经费预算情况进行了详细说明。

1. 2014 财年美国陆军经费预算情况

在美军新战略及国防费整体削减的趋势影响下，陆军 2014 财年经费预算申请数额为 1297.11 亿美元（不含海外应急作战预算，见表 2－1），较 2010 财年峰值的 1440 亿美元下降了 10%，较上一财年减少 49.23 亿美元，降幅 3.7%，位居三军首位。

表 2－1　2014 财年陆军经费预算情况（单位：亿美元）

项目		经费预算	所占比例
陆军基本预算	军职人员费	566.37	44%
	科研费	79.9	6.1%
	采购费	159.61	12.3%
	活动与维持费	455.21	35%
	军事建筑及家庭住房	23.52	1.8%
	基地调整与关闭	1.8	0.1%
	其他	10.7	0.8%
	总额	1297.11	100%

2. 2014 财年美国陆军经费预算的主要特点

通过对表 2 – 1 数据的分析可以看出,2014 财年美国陆军经费预算具有以下特点:

(1) 军职人员经费预算仍高居首位。多年来,军职人员经费一直是陆军最大的支出项目,也是陆军优先保障项目。在 2014 财年陆军经费预算中,军职人员经费预算约 566.37 亿美元,较上一财年增加 2.37 亿美元,其主要原因有:军人工资增长 1%,家庭住房补贴增长 3.9%,生活补贴增长 3.4%。

(2) 采购费预算呈下降趋势。在 2014 财年陆军经费预算中,采购预算为 159.61 亿美元,较上一财年下降 4.6%。在 2014 财年陆军采购预算中,飞机项目预算达 50.24 亿美元,占采购费总额的 31.5%。其中,计划将 OH – 58 直升机由 D 型升级为 F 型,耗资 1.84 亿美元;采购 6 架和改进 22 架 CH – 47F 运输直升机,耗资 10.5 亿美元;采购 65 架“黑鹰”直升机,耗资 12.37 亿美元;改进 42 架 AH – 64“阿帕奇”Block III 型直升机,耗资 8.13 亿美元;采购 15 架 MQ – 1 无人机,耗资 5.18 亿美元。此外,导弹采购预算为 13.3 亿美元,弹药采购预算为 15.4 亿美元。

（3）科研费预算降幅较大。在 2014 财年陆军经费预算中，科研费预算约 79.9 亿美元，较上一财年下降 11%。其中，科学与技术预算为 22.05 亿美元，与上一财年基本持平；试验与鉴定预算为 9.23 亿美元，较上一财年略有增加；其他科研费预算为 48.62 亿美元，较上一财年减少约 10 亿美元。在陆军科研费预算中，车辆科研预算为 10.16 亿美元，占科研费预算比例最大；防空与导弹防御科研预算为 6.13 亿美元，居第二位；网络科研预算为 5.17 亿美元，居第三位。

（4）活动与维持费有所下调。在 2014 财年陆军经费预算中，活动与维持费预算约 455.21 亿美元。其中，作战部队预算位居第一，为 350.73 亿美元；国民警卫队预算位列第二，为 70.54 亿美元；陆军预备役预算为 30.95 亿美元；环境修复预算为 2.99 亿美元。

（三）2014 财年美国海军经费预算分析

2013 年 4 月 10 日，奥巴马总统向国会提交了《2014 财年美国国防预算》报告，对包括海军在内的各军种和国防部业务局经费预算情况进行了详细分析。

1. 2014 财年美国海军经费预算情况

在 2014 财年海军经费预算中，基本预算为 1558 亿美元，与上一财年基本持平。在基本预算中，军事人员经费预算为 454 亿美元，研究、发展、试验与鉴定费预算为 160 亿美元，采购费预算为 435 亿美元，活动与维持费为 485 亿美元，军事建筑及家庭住房费预算为 23 亿美元（表 2－2）。

表 2－2　2013 财年海军经费预算情况（单位：亿美元）

项　目		经费预算	所占比例/%
海军基本预算	军事人员经费	454	29
	科研费	160	10
	采购费	435	28
	活动与维持费	485	31
	军事建筑及家庭住房费	23	2
	总额	1558	100

2. 2014 财年美国海军经费预算的主要特点

通过对表 2－2 数据的分析可以看出，2014 财年美国海军经费具体预算情况如下：

（1）军职人员经费预算增幅最高。2014 财年海军军职人员经费预算为454亿美元,占基本预算的比例为29%,较上一财年增长12亿美元,增幅为2.7%。军人生活待遇仍按全军计划增长,其中基本工资增长1.0%,基本生活补贴增长3.4%,住房补贴增长4.2%。

(2)活动与维持费预算有所下调。活动与维持费预算是海军基本预算中申请数额最大的项目,2014财年申请485亿美元,较上一财年降低14亿美元。其中,舰船使用与维修费112亿美元,飞机使用与维修费86亿美元,基地行动与保障费75亿美元,陆战队活动与维持费63亿美元,作战/武器保障费55亿美元,训练与教育费18亿美元,动员费9亿美元。

(3)采购费预算有所增长。2014财年海军采购费预算为435亿美元,较上一财年增长10亿美元,增幅为2.35%。计划采购的主要武器装备有:①舰船采购经费预算为143亿美元。计划采购4艘"濒海战斗舰"(LCS)、1艘"阿利·伯克"级驱逐舰、2艘"弗吉尼亚"级核潜艇、4艘气垫登陆艇的延寿期项目等。②飞机采购经费预算为179亿美元。计划采购6架F-35B、4架F-35C、21架EA-18G"咆哮者"、16架P-8A"海神"反潜机、3架KC-130J、1架UC-12W等固定翼飞机;计划采购25架AH-1Z/UH-1Y、18架MV-22B、19架MH-60R、18架MH-60S等旋转翼飞机;计划采购1架MQ－8无人机。

（4）科研费预算降幅较大。2014财年海军科研费预算为160亿美元，较上一财年下降9亿美元，降幅为5.3%。其中，飞机研发预算：F－35为10.47亿美元，CH－53K为5.03亿美元，MMA为3.17亿美元；舰船研发预算：LCS为2.04亿美元，DDG－1000为1.88亿美元，CVN21为1.48亿美元；无人机研发预算：RQ－4为3.75亿美元，UCLASS为1.47亿美元，NUCAS－D为0.21亿美元。

（四）2014财年美国空军经费预算分析

2013年4月10日，奥巴马总统向国会提交了《2014财年美国国防预算》报告，对包括空军在内的各军种经费预算情况进行了详细分析。

1. 2014财年美国空军经费预算情况

在2014财年空军经费预算中，基本预算为1141亿美元（见表2－3）。在基本预算中，军职人员经费预算为292亿美元，研究、发展、试验与鉴定费预算为176亿美元，采购费预算为188亿美元，活动与维持费预算为

466 亿美元,军事建筑及家庭住房费预算为 19 亿美元。

表 2-3 2014 财年空军经费预算情况(单位:亿美元)

项 目		经费预算	所占比例
空军基本预算	军职人员经费	292	26%
	科研费	176	15%
	采购费	188	16%
	活动与维持费	466	40%
	军事建筑及家庭住房费	19	1%
	总额	1,141	100%

2. 2014 财年美国空军经费预算的主要特点

通过对表 2-3 数据的分析可以看出,2014 财年美国空军经费预算具有以下特点:

(1) 军职人员经费预算略有增加。2014 财年空军经费预算为 292 亿美元,较上一财年增加 3 亿美元,增幅为 1%。其主要原因是:基本工资增长 1.0%,基本生活补贴增长 3.4%,住房补贴增长 4.2%。

(2) 活动与维持费预算有小幅增长。活动与维持费是空军基本预算中申请数额最大的项目,总额为 466 亿美元,较上一财年增长 23 亿美元,增幅 5.19%。其中,空中飞行作战预算为183亿美元,文职人员工资预算为114亿美元(增幅为1%),机动部队预算下调2亿美元。此外,空军将有227架飞机退役,飞行编队总数将削减4%,从而导致基础设施保障经费预算下调7亿美元。

(3)采购费预算继续下调。受国防预算削减等因素的影响,2014财年空军采购预算为188亿美元,较上一财年减少4亿美元,降幅为2.17%。其中,飞机项目经费预算最多,为114亿美元,占采购费的60.6%。导弹采购经费预算为45亿美元,弹药采购经费预算为7亿美元,其他采购经费为22亿美元。列入采购清单的装备主要有:12架MQ-9“死神”无人机(较上一财年的采购数量减少了一半)、19架F-35A“联合攻击战斗机”、2颗新一代卫星导航系统(GPSⅢ)、5颗渐进一次性使用运载火箭(EELV)、6965枚联合直接攻击弹药(JDAM)。

(4)科研费预算略有增加。2014财年空军科研费预算为176亿美元,较上一财年增加2亿美元,增幅为1.1%。其中,作战系统发展经费预算为82亿美元,占比最大,为46.6%;工程制造发展经费预算为51亿美元,科研管理保障经费预算为12亿美元,基础研究经费预算为5亿美元,应用研究经费预算为11

亿美元,演示与验证经费预算为9亿美元。从空军重大科研项目看,空中加油机项目(KC-46A)研发经费预算为16亿美元,F-35A项目研发经费预算为8亿美元,远程打击轰炸机项目研发经费预算为4亿美元。

(五)2014财年美军装备科研与采购预算投入重点分析

2013年4月10日,美国总统奥巴马向国会提交总额为5,266亿美元的2014财年基本国防预算申请,较2013财年基本预算申请(5,254亿美元)增加12亿美元,增幅为0.23%。其中:装备科研费预算为675亿美元,较2013财年预算(694亿美元)降低19亿美元,降幅为2.7%;装备采购费预算为993亿美元,较2013财年预算(988亿美元)增长5亿美元,增幅为0.5%。从支出内容看,2014财年美军装备科研与采购预算将对"重返亚太"、发展网络和特种部队以及全球机动能力等方面进行重点投入。

1. 增加海上力量投入,继续推行“亚太再平衡”战略

2012 年 1 月,美国防部公布的《保持美国的全球领导地位:21 世纪国防优先任务》报告认为,美经济与安全利益与亚太地区的发展密不可分,亚太地区是美实现复苏经济、恢复繁荣的重要战略支点,美必须针对亚太地区做出战略调整。《2014 财年美国国防预算》报告指出,尽管国防预算面临大幅削减的压力,但国防部仍将加大“亚太再平衡”所需经费的投入力度,以确保实现美战略重心向亚太地区转移。

(1) 加大海军装备投入,确保美海上力量优势。在亚太地区部署的军事力量,是美国亚太再平衡战略能否顺利实现的保障,尤其是海上力量的强弱,直接关系到美国在亚太地区的影响力和话语权。为此,美国防部计划在 2014 财年建造的海上装备主要有:投入 109 亿美元建造舰船,确保海军在 2014 财年能采购 8 艘新型舰船,其中包括 2 艘“弗吉尼亚”级潜艇,接替将于 2020 年退役的“洛杉矶”级核潜艇;投入 3.79 亿美元研发新型穿透炸弹;投入 38 亿美元研发新型巡逻机,加强突防监视能力;投入 2.239 亿美元维持和扩大

水下优势，包括提升未来“弗吉尼亚”级潜艇上巡航导弹的性能以及开发新型无人潜水器；投入4.27亿美元发展舰载无人机，提升空中侦察和作战优势；投入20亿美元采购EA－18G“咆哮者”电子攻击机，接替退役的EA－6B“徘徊者”无人机；投入1.6亿美元开发新型反水面目标武器；投入4.4亿美元修缮西太平洋机场的应急措施，如疏散和应急通道的修理和加固，提升机场的运转水平。

（2）增加多边交流投入，强化美亚太地区军事存在。美国希望在不投入过多力量或不从其他地区调动大量部队的情况下，实施“亚太再平衡”战略。美军认为，在当前财政紧缩的大背景下，2014财年美将在与亚太地区各国建立新型伙伴关系方面加大经费投入力度，加强与亚太各国间的联系，保持国防部高级官员对亚太地区持续进行高水平、高频率的访问；促进与日本、韩国、澳大利亚、菲律宾、泰国、新西兰、越南、马来西亚和印度尼西亚的防御伙伴关系；加深与印度的防务合作等。

2. 调整导弹发展项目，提升战略防御水平

在2014财年美国防预算总体压缩的情况下，美国

防部停止和调整了部分装备项目,重点加大了高技术装备建设。而为了应对当前美国战略重点的调整和国际形势变化对美国战略利益的威胁,美国防部将导弹防御研发项目进行了较大的调整,以期在短时间内提升其对本土、前线基地、海外驻军和盟国的导弹防御水平。

据《2014 财年美国国防预算》报告称,2014 财年美国防部在弹道导弹防御系统建设上投入约 91.62 亿美元,重点研发的项目主要有:继续采购陆基拦截导弹,为陆基中段拦截系统(GMD)的运转、拦截可靠性测试、组件可靠性项目提供有力支撑;升级阿拉斯加格里利堡(Fort Greely)导弹发射场,抵御有限的洲际弹道导弹(ICBM)袭击;改装“宙斯盾”战舰,提升弹道导弹防御(BMD)能力,确保到 2018 年至少有 41 艘“宙斯盾”战舰能够参与行动,同时为“宙斯盾”战舰采购 52 枚SM -3 BLK IB 导弹;采购第六个高空区域防御(THAAD)导弹发射装置以及 34 枚 THAAD 导弹;为以色列“铁穹”导弹防御系统提供必要支持,提升其对短程导弹和火箭弹的防御能力;采购 56 枚新型导弹分段增强型(MSE)导弹,增加导弹的灵活机动性和拦截杀伤力,提升防御水平;升级“爱国者”导弹的雷达数字处理器和增强型发射电子系统(ELES),改进炮兵指挥所/战术指挥系统(BCP/TCS),提升 PAC－3 导弹的作战能力等。

此外,美国防部还调整了难以立刻成型的 SM－3IIB 导弹拦截器研发计划,取消了高成本、高风险的太空精确跟踪传感设备(PTSS)的研发项目。

3. 调整太空项目投资结构,保障重点太空项目投入

对太空领域和空间技术的依赖是美国目前军事行动的一个特点。随着世界更多国家开始开发太空资源、发展太空技术、提升太空能力,太空环境正逐渐成为各国角逐的新战场,同时对美国在太空领域的优势地位形成了挑战。为应对这一威胁,近年来,美国防部不断加大了在太空技术发展方面的经费投入力度,改善太空项目的投资结构,以维持其对太空的控制,捍卫其太空利益,削弱敌太空实力并在逐渐恶化的太空环境中采取行动。

2014 财年,美国防部将投资 80 亿美元用于发展太空项目,重点投入的项目主要有:投入 9.36 亿美元发展天基红外系统(SBIRS),为全球军事行动提供有力支撑,提升战术预警能力;投入 4.03 亿美元发展太空防

护项目，增强太空环境感知和小型目标侦测能力，增强美太空装备的环境适应力，提升生存能力；投资开发下一代全球定位系统（GPS）的运行控制系统，进一步加强 GPS 抗干扰能力，增强 GPS 系统的鲁棒性；投入 0.13 亿美元发展太空测试实验项目；每年为联合导航作战中心投入 0.03 亿美元，提供战场评估和行动支撑；增加 0.15 亿美元用于分析军用 GPS 设备项目的成本和技术风险。另外，2014 财年美国防部终止了天基监测系统的后继卫星项目，节省了约 0.08 亿美元的开支。

4. 投资组建赛博部队，支持网络空间行动

美国防部认为，赛博空间将逐渐成为一个全新的行动领域，而赛博空间的发展及其虚拟性和开放性的特点，将导致威胁发生的频率和规模不断增加，从而会对美国的国防安全构成威胁。为此，2014 财年，美国防部将加大赛博部队的经费投入力度，重组现有赛博空间部队，并使其实现以下三种功能：一是网络防御能力。赛博防护部队将持续识别和探寻网络防御中存在的漏洞和弱点，进行及时修补并检验修补结果。二是削弱敌赛博能力。赛博战斗任务部队开展信息支持行

动,为常规部队提供保障并挫败敌赛博部队。三是为国防设施提供支撑。识别、阻止赛博空间中对重要基础设施的威胁,在必要情况下发动反击,协助保护联邦和关键性商业系统。

2014 财年,美国防部在强化赛博空间行动能力方面的主要研发项目包括:继续开展历时三年的赛博司令部联合行动中心建设计划;投资开发机密网站漏洞自动侦测工具;投资开发国防网络数据监控软件,分析、识别和隔离可疑内容;继续支持赛博行动科技发展项目;继续支持赛博防御行动,为各级国防网络提供安全保障等。

5. 投资发展先进科技,支持区域性战略行动

国防部科技项目旨在为国防战略开发新型、前沿的科学技术。2014 财年美军“科技与技术”领域的总投入为 119 亿美元,其中基础研究预算为 22 亿美元、应用研究预算为 46 亿美元、先期技术发展预算为 51 亿美元,优先发展的技术和能力主要有:投入约 20 亿美元,发展抗反介入/区域拒止能力;投入约 10 亿美元,发展对抗大规模杀伤性武器技术;投入约 10 亿美元,支持赛博空间和太空行动;投入约 5 亿美元,发展

电子战技术;投入约 1 亿美元,开发高速动能打击能力。

(六) 2014 财年美国防授权法案的主要特点

2013 年 12 月 26 日,美国总统奥巴马签署了《2014 财年国防授权法案》,对 2014 财年国防部各项经费授权开支的规模与用途等做出了详细规定,具有以下特点。

1. 国防预算授权数与预算申请数基本持平

近两年来,美国会和军方就国防预算削减问题进行了激烈的博弈。从《2014 财年国防授权法案》看,军方在此次博弈中暂时取得了胜利,美国国会批准国防预算授权为 6075 亿美元,较预算申请的 6151 亿美元下降了 76 亿美元,降幅为 1.24%。其中,国防部基础预算授权为 5268 亿美元,较预算申请的 5266 亿美元增长了 2 亿美元,增幅为 0.04%;海外应急作战预算授权为 807 亿美元,较预算申请的 885 亿美元减少了 78 亿美元,降幅为 8.81%。

2. 采购费授权额小幅增加，投入结构调整较大

从总量看，2014 财年采购费授权额受减赤影响不大，投入为 984 亿美元，较预算申请增加 2 亿美元。从开支内容看，法案着重强调核心能力建设，维持了预算申请的大部分装备的高投入水平，主要包括：F－35 联合攻击战斗机、V－22“鱼鹰”运输机、P－8A“海神”反潜机、DDG－51“阿利·伯克”级导弹驱逐舰、濒海战斗舰等。同时，为提升美军海上作战能力，保障“亚太再平衡”战略的实施，法案还增加了某些重要项目的资金投入，主要包括：为“弗吉尼亚”级核潜艇追加 4.9 亿美元；为 MQ－9“死神”无人机追加 8000 万美元；为两栖舰艇项目追加 6000 万美元等。

此外，法案通过调整项目结构、抑制成本增长、削减次要和不成熟项目等方式，提高资金使用效率，主要包括：减少 EA－18G 电子战飞机项目经费 6000 万美元；取消单兵集成气爆武器系统项目经费 7000 万美元；取消联合应急行动需求采购基金 1 亿美元等。

3. 研发投入力度加大，更加注重当前能力建设

2014 财年研发费授权为 677 亿美元，较预算申请高出 2 亿美元，除系统开发和演示验证预算下降 2 亿多美元外，其他各项均高出预算水平，其中先期部件开发和样机投入 124 亿美元，较预算增加 4 亿美元；作战系统发展投入 255 亿美元，较预算增加 5000 万美元。

从研发投入看，法案重点突出了三点内容：第一，更注重当前能力的发展。如追加 1 亿美元发展通用拦截导弹技术；追加 7000 万美元升级 C－130 运输机；追加 1.9 亿美元用于与以色列合作项目（包括“箭”系列武器系统和“铁穹”武器系统研发工作）等。第二，暂缓或调整短期内难以取得重大突破的技术项目。如推迟空中和导弹防御雷达合同，减少经费 8000 万美元；调整进攻性反水面战斗武器发展项目，减少经费 3000 万美元；推迟海军水面电子战改进计划，减少经费 5000 万美元等。第三，取消或削减部分成本超支严重的项目，如终止 LEMV 无人飞艇项目，减少经费 3000 万美元；调整 F－35 部分研制工作，减少经费 2000 万美元等。

（七）美国会预算办公室提出进一步削减国防开支方案

2014 年 1 月 7 日，美国会预算办公室（CBO）发布了削减国防开支的备选方案，使美政府在 2023 年前削减 100 亿到 4950 亿美元不等的国防开支。备选方案采取的主要措施包括取消或暂停武器装备项目、压缩军队规模、限制军人工资增幅等。

1. 取消或暂停武器装备项目

（1）取消陆上战斗车辆项目。陆上战斗车辆项目（GCV）是美陆军未来替代“布拉德利”战车的重点项目。按计划，2014—2018 财年该项目需要投入约 40 亿美元的研发费用，并从 2019 财年开始每年采购 150 辆该型战斗车辆，预算为每年 20 亿美元。按照 CBO 的方案，若美军取消该装备项目，由升级版的“布拉德利”战车替代，可在 2015—2023 财年节省开支约 110 亿美元。

（2）暂停建造“福特”级航母。2014 财年预算法案要求海军要保持 10 艘航母，这一要求低于当前海军 11 艘航母的建造目标。CBO 提出，海军在建成 2013 年开工的“肯尼迪”号航母后暂停新航母的建造，因为后续的“企业”号航母建造周期长且耗资巨大。据CBO估算，暂停后续航母的建造可在2016—2023财年间节省开支约100亿美元，航母所需的固定资产投资以及舰载机采购经费也将得到相应削减。

（3）取消海军濒海战斗舰项目。为达到舰船建造计划规定的52艘舰船的要求，美海军计划在未来13年采购36艘濒海战斗舰。据CBO估算，若取消濒海战斗舰项目的建造合同，可在2016—2023财年节省开支约120亿美元。

（4）削减弹道导弹潜艇的数量。未来20年，美海军现役的14艘“俄亥俄”级弹道导弹核潜艇将达到最高服役年限。因此，美海军计划从2021年开始采购12艘新型弹道导弹核潜艇。此前，在2015—2020财年将每年退役一艘该级潜艇，从而使2020财年前将潜艇数量减至8艘。这样，CBO估算2015—2020财年可节省开支约110亿美元。

2. 压缩军队规模

报告指出，进一步压缩军队规模对国防支出的削减最为有效。未来10年，压缩军队规模能够节省4950

亿美元。但是，这样规模的开支削减意味着美军要裁撤10个陆军旅级作战队、34艘海军舰艇、2个海军陆战队团和170架空军战机。

3. 限制军人工资增幅

CBO建议通过限制军人工资增长幅度的方式来节省开支。2013财年，根据CBO建议，美军将军人基础工资增幅限制为1%。CBO认为，如果军人基础工资增幅一直限制为1%，2023年前美军将节省246亿美元。

另外，CBO建议在一些非重点国防岗位，用文职人员替代军职人员以减少开支。据CBO预估，这一方案可在10年间节约194亿美元。

（八）美国2014财年自动减赤对美军建设的可能影响

根据《2011财年预算控制法案》中自动减赤机制的要求，2014财年美国国防预算将削减545亿美元。其中，国防部将承担520亿美元，剩余部分将由能源部及其他与防务有关的部门承担。为使2014财年自动减赤对军队建设的影响降到最低，2013 年 9 月 18 日，美国会众议院就 2014 财年自动减赤可能对军队建设的影响举行听证会，听取了陆军参谋长、海军作战部长、空军参谋长和海军陆战队司令的证词。他们均认为，自动减赤机制将对美军的装备建设、战备水平、人员规模等方面造成重大影响，并最终危及美国国防安全。

1. 对装备建设可能造成的影响

陆军在 2014—2017 财年预计将终止、合并或推迟超过 100 个装备采办项目，其中包括地面战车、武装侦察机等采购项目，以及无人机系统升级、防空指控系统升级等项目。海军可能会至少削减 1 艘“弗吉尼亚”级潜艇、1 艘濒海战斗舰、1 个移动海上平台和 25 架各型飞机的采购。此外，还将被迫推迟“福特”号航母的交付，并推迟“乔治·华盛顿”号航母的中期检修。空军可能将装备采购重点集中在 KC－46 加油机、F－35 战斗机、“远程打击轰炸机”等关键性装备项目上，并逐步削减非重点装备的采购数量以维持预算平衡。海军陆战队将被迫减少或取消部分装备的现代化升级，装备采购也只能优先保障价格相对低廉的传统装备而非新式装备。此外，政府“关门”16 天也将对装备建设造成重大影响。

2. 对战备水平可能造成的影响

陆军预计，2014 财年至少有 85% 的现役和预备役部队将无法达到规定的训练时间和演习规模，可能会导致陆军在应对紧急状况下的战备水平明显降低，无法保证取得战争胜利。海军在 2014 财年将重点削减活动与维持费，可能会导致海军仅有一个机动航母战斗群和一个两栖战斗群可以为战场提供增援。而按照美军“舰队反应计划”的要求，美海军一般需要 2 ~ 3 个航母战斗群，才能满足部队部署和作战的要求。空军在 2014 财年将被迫减少高达 15% 的飞行训练时间，大幅削减重大演习次数，并可能退役 550 架飞机，占总拥有飞机数量的 9%。如果国防经费持续紧张，空军在 2014 财年可能将被迫撤销整建制的飞机编队。

3. 对部队人员规模可能造成的影响

2014 财年，陆军可能被迫将 57 万人的现役部队裁减至 42 万人，将 35.8 万人的国民警卫队裁减至 31.55

万人,将20.5万人的预备役部队裁减到18.5万人。海军将被迫大规模裁减文职人员数量,有可能影响海军人员的结构比例平衡。空军可能将减少对初级飞行员的培养选拔,并在未来五年裁减高达2.5万名飞行员。海军陆战队可能被迫将20.2万人的现役部队裁减至18.2万人,但美军认为,海军陆战队的编制员额至少要达到18.68万人,这样才能满足其战略机动能力和快速反应能力要求,以应对全球极端暴力主义的蔓延和自然灾害的增多。

(九)美国国会预算局对海军未来造舰成本的分析

2013年10月23日,美国国会预算局(CBO)针对海军提出的30年造船规划发布了《海军2014财年造舰规划分析》报告,对新《规划》中具体采购舰船数量和所需经费分析如下:

1. 航空母舰

海军计划在2014—2041财年间采购6艘“福特”级航母,受2013年初“企业”号航母退役和“福特”级航母首舰交付日期推迟等因素影响，2013—2016 财年美航母总规模将降至 10 艘。据 CBO 估计，航母建造总费用为 750 亿美元，平均每艘造价 127 亿美元。

2. 潜艇

在《规划》中，未来 20 年潜艇采购数量将超过水面舰艇采购数量，成为采购的主要对象。弹道导弹核潜艇：海军计划共采购 12 艘 SSBN(X)弹道导弹核潜艇，总费用为 770 亿美元，CBO 估算费用高于海军估算水平，总费用 870 亿美元，平均每艘潜艇 72 亿美元。攻击型核潜艇：海军计划总共采购 33 艘“弗吉尼亚”级攻击型核潜艇，据海军估算总采购费为 900 亿美元，与 CBO 估算的 890 亿美元接近。

3. 大型水面战舰

Flight IIA 型 DDG－51 驱逐舰：海军计划采购 11 艘装备最先进弹道导弹系统的该型驱逐舰。CBO 估算的每艘采购价格约为 16 亿美元，与海军估算结果基本相同。Flight III 型 DDG－51 驱逐舰：海军计划于 2016—2029 财年采购 33 艘装备有新型防空反导雷达的该型驱逐舰,海军估算该舰采购均价为每艘 18 亿美元,较 2013 财年降低 4 亿美元,与 CBO 估算的每艘 19 亿美元接近。DDG(X)导弹驱逐舰:海军计划从 2030 年开始采购 33 艘该型导弹驱逐舰,CBO 估算该型舰船采购均价为每艘 33 亿美元,比海军估算结果高 13 亿美元。总投入方面,CBO 估算结果为 1080 亿美元,而海军估算结果仅为 640 亿美元。

4. 近海战斗舰

在《规划》中,海军计划分两阶段采购 66 艘近海战斗舰(LCS):2014—2026 财年采购 36 艘;2030—2043 财年采购 30 艘。海军估算第一阶段采购均价为每艘 4.46 亿美元,略低于 CBO 估算的 5 亿美元。海军估算第二阶段下一代濒海战斗舰 LCS(X)采购均价为每艘 4.33 亿美元,而 CBO 估算均价则高达6 亿美元。

5. 两栖战舰

在《规划》中,海军计划采购 33 艘两栖战舰,包括 11 艘 LHA 或 LHD 型两栖攻击舰、11 艘 LPD 型两栖船坞运输舰和 11 艘 LX(R) 两栖船坞登陆舰。LHA－6 型两栖攻击舰:海军计划采购 6 艘该型攻击舰,海军和 CBO 估算总投入分别为 220 亿美元和 260 亿美元,采购均价分别为 36 亿美元和 43 亿美元。LX(R) 两栖船坞登陆舰:海军计划采购 11 艘该型两栖舰,海军和 CBO 估算总投入分别为 150 亿美元和 180 亿美元,采购均价分别为 14 亿美元和 16 亿美元。Fight II 型 LPD 两栖船坞运输舰:海军计划采购 2 艘该型运输舰以替代现役 LPD－17 型两栖船坞运输舰。

(十) 2014—2016 财年俄罗斯国防预算情况

2013 年 12 月 2 日,俄联邦总统普京签署了《2014—2016 财年俄联邦预算法案》,对包括国防预算在内的未来三个财年联邦预算的投量、投向及其增减变化情况进行了详细分析和说明。

1. 2014—2016 财年国防预算总体情况

受加强国防和军队建设等影响,2014—2016 财年俄国防预算继续呈快速增长趋势(见表 2－4),2014 财年国防预算为24894亿卢布[①],占国内生产总值的比例为3.4%,占联邦预算支出的比例为17.8%,较2013财年执行数增长18.63%;2015财年国防预算为30269亿卢布,占国内生产总值的比例为3.8%,占联邦预算支出的比例为19.7%,较2014财年增长21.6%;2016财年国防预算为33780亿卢布,占国内生产总值的比例为3.9%,占联邦预算支出的比例为20.6%,较2015财年增长11.6%。

表2-4 2014—2016财年俄罗斯国防预算情况

项　目	2014	2015	2016
预算草案数/亿卢布	24894	30269	33780
比上一财年增幅/%	18.63	21.6	11.6
占国内生产总值的比例/%	3.4	3.8	3.9
占联邦预算的比例/%	17.8	19.7	20.6

2. 军队人员工资预算情况

2012年5月7日,俄总统签署命令决定增加军队合同制军人的编制。为此,2014—2016财年,俄罗斯政

① 1美元约合28卢布。

府继续加大军人工资预算的投入力度，致使其分别达到3721亿卢布、4177亿卢布和4540亿卢布。其中，受增加军队合同制军人编制的影响，2014—2016财年国防预算分别增加375.1亿卢布、667.4亿卢布和1002.9亿卢布。

由于军队文职人员队伍比较稳定且工资结构没有大的变化，因此未来三个财年文职人员工资预算增长不大，2013财年为1541亿卢布，2014财年和2015财年均为1599亿卢布。

3. 武器装备科研经费预算情况

在俄国防预算中，武器装备科研预算列在"国防领域的应用研究"科目中。受加快武器装备研制工作等影响，2013—2015财年俄武器装备科研预算呈快速增长趋势，2014财年为2413亿卢布，较上一财年增长22%；2015财年为2668亿卢布，较上一财年增长10.6%；2016财年为2846亿卢布，较上一财年增长6.7%。

4. 油料军需保障预算情况

在2014—2016财年国防预算中，俄军油料保障和给养保障预算总体呈上升趋势，其中油料保障预算分别为728.7亿卢布、719.6亿卢布和779亿卢布；给养保障预算分别为584.1亿卢布、610.6亿卢布和651.5亿卢布。

受武装力量分阶段换装的影响，2013—2015财年俄军被装保障预算呈“先上升、后下降”的变化趋势，2014财年为315.3亿卢布，较上一财年增长近1.5倍；2015财年为365.3亿卢布，较上一财年增长15.9%；2016财年为229.3亿卢布，较上一财年下降37.2%。

（十一）2014—2016财年俄联邦航天经费预算情况

2013年12月2日，俄联邦总统普京批准了《2014—2016财年俄联邦政府预算法案》（以下简称《法案》），对包括航天经费预算在内的未来三个财年联邦政府预算的投量、投向、增减变化情况及其主要原因进行了分析和说明。

1. 2014—2016财年航天经费预算总体情况

根据《法案》的规定，2014—2016财年俄联邦航天经费预算呈先小幅上升后小幅下降的趋势，其中：2014财年为1781.09亿卢布[①]，占国内生产总值的比例为0.24%，占联邦政府预算支出的比例为1.27%，较2013财年下降1.38%；2015财年为2024.74亿卢布，占国内生产总值的比例为0.25%，占联邦政府预算支出的比例为1.32%，较2014财年增长13.68%；2016财年为2011.57亿卢布，占国内生产总值的比例为0.23%，占联邦政府预算支出的比例为1.23%，较2015财年下降0.65%。

由于绝大部分俄联邦航天经费由联邦航天署管理，从而使2014—2016财年联邦航天署的经费预算分别达到1658.14亿卢布、1806.33亿卢布和1676.67亿卢布，各占当年航天经费预算的93.1%、89.21%和83.35%。

2. 航天经费预算的主要分配方向

根据《法案》的规定，2014—2016财年航天经费预

---

① 1美元约合32卢布。

算主要用于《2013—2020年俄联邦航天活动国家计划》中的六项计划(见表2-5)。

(1)三个联邦专项计划。主要包括《2006—2015年俄联邦航天计划》《2012—2020年格洛纳斯系统维护、发展和应用计划》《2006—2015年俄罗斯航天发射场发展计划》和《2016—2025年俄联邦航天计划》。

(2)两个"俄罗斯航天活动"联邦国家计划的子计划。主要包括《俄联邦导弹航天工业优先创新计划》和《俄联邦国家航天实施计划》。

表2-5　2014—2016财年俄罗斯航天经费预算的主要分配情况(单位:亿卢布)

计划名称	2014	2015	2016
2006—2015年俄联邦航天计划	1152.73	1080.68	0
2016—2025年俄联邦航天计划	0	0	1160.45
2012—2020年格洛纳斯系统维护、发展和应用计划	218.90	476.0	590.05
2006—2015年俄罗斯航天发射场发展计划	277.39	334.22	0
俄联邦导弹航天工业优先创新计划	27.45	33.6	25.65
俄联邦国家航天实施计划	104.62	100.24	235.42
合　计	1781.09	2024.74	2011.57

需要指出的是，在2012年底批准的《2013—2020年俄联邦航天活动国家计划》中，俄政府提出了“确保进入空间，发展航天技术与服务，壮大航天工业”“确保俄在认识宇宙天体的构成原理和规律、生命起源以及开发航天能源等方面占主导地位”“发展载人航天，研制新型航天器，并通过国际合作探索太阳系其他行星”等三大优先发展方向。为确保2020年前航天活动计划的顺利实施，俄罗斯政府计划为航天系统拨款2.1万亿卢布。其中，《2006—2015年俄联邦航天计划》拨款1.189万亿卢布，《2012—2020年格洛纳斯系统维护、发展和应用计划》拨款3018亿卢布，《2006—2015年俄罗斯航天发射场发展计划》拨款2521亿卢布。

（十二）日本防卫省公布2014财年防务概算

2013年8月30日，日本防卫省公布了《日本的防卫和概算》，提出了2014财年日本的防务经费概算为48194亿日元（合502亿美元[①]），比上一个财年预算增

① 在《2014财年日本的防卫和概算》中，按1美元等于96日元计算。

加了 1390 亿日元,增幅为 2.97%。

1. 防务概算按部门支出情况

(1) 陆上自卫队经费概算。2014 财年,陆上自卫队经费概算为 17729 亿日元(合 184.68 亿美元),比上一个财年预算增加了 801 亿日元,增幅为 4.7%。

(2) 海上自卫队经费概算。2014 财年,海上自卫队经费概算为 11462 亿日元(合 119.4 亿美元),比上一个财年预算增加了 272 亿日元,增幅为 2.4%。

(3) 航空自卫队经费概算。2014 财年,航空自卫队经费概算为 10947 亿日元(合 114.03 亿美元),比上一个财年预算增加了 713 亿日元,增幅为 7.0%。

(4) 内部部局经费概算。2014 财年,内部部局经费概算为 4827 亿日元(合 50.28 亿美元),比上一个财年预算增加了 88 亿日元,增幅为 1.9%。

(5) 技术研究本部经费概算。2014 财年,技术研究本部经费概算为 1599 亿日元(合 16.66 亿美元),比上一个财年预算减少了 36 亿日元,降幅为 2.2%。

2. 防务概算按项目支出情况

（1）人事口粮费概算。人事口粮费是指用于保障部队人员生活的支出，包括人员薪金和口粮费。2014财年，人事口粮费概算为20953亿日元（合218.26亿美元），比上一个财年预算增加了1057亿日元，增幅为5.3%。

（2）装备采购费概算。装备采购费是指用于保障各类武器装备采购的支出，主要包括武器、通信器材、车辆、弹药、飞机采购费和舰船建造费等。2014财年，装备采购费概算为12846亿日元（合133.81亿美元），比上一个财年预算增长了3059亿日元，增幅高达31.26%。

（3）研究开发费概算。研究开发费是指用于保障各类装备研究和发展的支出，主要包括试制品费、技术调研费、研究与开发试验费、研究设备费等。2014财年，研究开发费概算为1485亿日元（合15.46亿美元），比上一个财年预算增长了176亿日元，增幅为13.44%。

（4）维持费概算。维持费是指用于部队的维持性支出，主要包括教育训练费、装备维修费、营房费、油料采购费、医疗费等。2014 财年,维持费概算为 12379 亿日元(合 128.95 亿美元),比上一个财年预算增加了 1066 亿日元,增幅为 9.42%。其中,装备维修费概算为 9052 亿日元(合 83.88 亿美元),占维持费的 73.1%,比上一个财年预算增加了 524 亿日元,增幅为 6.13%。

(5) 基地对策费概算。基地对策费是指用于保障驻日美军基地建设和人员的支出。2014 财年,基地对策费概算为 4494 亿日元(合 46.81 亿美元),比上一个财年预算增长了 89 亿日元,增幅为 2.02%。

(十三) 2014 财年日本防卫项目和预算投入重点

2014 年 2 月 14 日,日本防卫省公布了《日本防卫项目和预算计划:2014 财年预算概览》,详细介绍了 2014 财年日本的防卫项目和预算投入重点。

1. 确保日本周边海域和空域安全方面的预算

为增强日本周边海域信息收集、预警和监测能力,防卫省计划投入 2731 亿日元,其中包括 594 亿日元用于采购3架P－1固定翼巡逻机、242亿日元用于采购4架SH－60K巡逻直升机、729亿日元用于建造第二艘25DD级驱逐舰、517亿日元用于建造第十艘“苍龙”级潜艇、507亿日元用于建造一艘多用途救援船。

为提高日本周边空域预警和监测能力，防卫省计划投入226亿日元，其中包括40亿日元用于研发及引入机载预警飞机、49亿日元用于换装固定防空雷达(FPS－7)和增强弹道导弹防御功能等。

2. 应对偏远岛屿的远程攻击方面的预算

为确保空中优势，防卫省计划投入1361亿日元，其中638亿日元用于采购4架F－35A战斗机、27亿日元用于为建设下一代战斗机教育/培训设施、350亿日元用于升级现有战斗机能力、54亿日元用于开发那霸空军基地的设施和采购维修设备、117亿日元用于采购3架UH－60J救援直升机、175亿日元用于采购1个连队的03式中程地空导弹。

为确保海上优势，防卫省计划投入486亿日元，其中177亿日元用于建造一艘25MSO级海上扫雷舰、309亿日元用于采购4个连队的12式陆基反舰导弹。

为提高快速部署和响应能力,防卫省计划投入835亿日元,其中36亿日元用于整修1架CH－47J运输机、398亿日元用于采购2架C－2运输机、1亿日元用于研发及引入旋翼机。在两栖能力开发方面,防卫省计划投入35亿日元,其中15亿日元用于建设训练基地、17亿日元用于采购2辆两栖战车。在提高西南海域的海上自卫队能力方面,防卫省计划投入75.7亿日元,用于预先采购各种设备等。

3. 应对弹道导弹攻击方面的预算

为应对弹道导弹攻击,防卫省计划投入288.4亿日元,其中包括103亿日元用于升级2艘“宙斯盾”舰、116亿日元用于采购PAC－3导弹、52亿日元用于日美联合开发SM－3Block IIA弹道导弹拦截弹等。此外,防卫省还计划投入82亿日元采购30辆轻型装甲车、24支84毫米无后坐力步枪、9000套战斗服和各种设备等,以应对特种部队的攻击。

4. 应对外空及网络方面的预算

在应对外空及网络方面,防卫省计划分别投入541亿日元和205亿日元,包括通过使用外空资源研究增强 C4ISR 功能;开发和维护空间态势感知系统的可行性研究;研制 FPS－5 监视和跟踪卫星;在改善和加强运营基础设施方面开发网络信息采集和处理设备;开发网络防护和分析处理设备系统等。

(十四) 2014—2015 财年印度国防预算投入情况

2014 年 2 月 17 日,印度财政部向国会提交了 2014—2015 财年中央政府财政预算报告,详细说明了国防部以及其他各政府部门的财政预算情况。

1. 国防费总体情况

2014—2015 财年印度国防预算总投入为 22400 亿卢比,约合 364 亿美元[①],较上一财年增加 2032.8 亿卢比,增幅达 9.98%,占国内生产总值的比例为 1.74%,占中央财政预算支出的比例为 12.70%。

由于印度官方公布的国防预算中未包括国防部业务局和退休金预算,2014—2015 财年这两项预算金额

① 1 美元约合 61.538 卢比。

分别为520.29亿卢比和5000亿卢比，因此新财年印度国防预算实际数额为27920.29亿卢比，约合453.7亿美元，占国内生产总值的比例达2.2%。

2. 按项目预算情况

在2014—2015财年国防预算中，收入性支出预算为13441.2亿卢比，较上一财年增加14.95%，占国防费的比例为60%；资本性支出预算为8958.8亿卢比，较上一财年增加3.28%，占国防费的比例为40%（见表2-6）。资本性支出是印军装备费的主体，新财年装备费为9055.3亿卢比，约合147.2亿美元，占国防费总额的40.4%，较上一财年增加3.3%。按军种划分，空军装备费为3335.5亿卢比，占41%，较上财年略有下降，其中飞机采购费减少36.29%，降幅较大；陆军装备费为2511.6亿卢比，占30.9%，较上财年增加40.9%，其中飞机和其他装备采购费均有较大幅度增长；海军装备费为2282.2亿卢比，占28%，较上一财年略有下降，其中飞机和大中型车船采购费下降明显，分别降低了50.35%和36.23%。

在收入性支出中，人员经费为最主要部分。受大幅提高军人工资等影响，新财年人员经费为7768.6亿卢比,约合126.2亿美元,较上一财年增加14.72%,继续保持上涨势头。

表2－6 2014—2015财年国防预算按项目支出情况(单位:亿卢比)

项　目	2013—2014财年预算数	2014—2015财年预算数	变化率
收入性支出预算	11693.14	13441.21	14.95%
资本性支出预算	8674.07	8958.8	3.28%
合　计	20367.21	22400	9.98%
注:表中数据来源于印度财政部《2014—2015财年联合预算》			

3. 按部门预算情况

在2014—2015财年国防预算中,陆军经费预算占国防费的比例突破50%,达11823.1亿卢比,较上一财年增长18.6%,增幅最大;海军预算经费为3762.7亿卢比,占17%,较上一财年增长3.5%;空军经费预算为5426.2亿卢比,占24%,较上一财年下降5.6%(见表2－7)。此外,国防研究和发展组织和兵工厂经费预算也较上一财年有所增加。

表2－7　2014—2015 财年国防预算按部门支出情况

部　门	2013—2014 财年预算数	2014—2015 财年预算数	变化率
陆军	9970.8	11823.1	18.6%
海军	3634.4	3762.7	3.5%
空军	5750.4	5426.2	－5.6%
国防研究发展组织	1061.0	1196.0	12.7%
国防军工厂	－49.3	187.3	—
合　计	20367.2	22400.0	9.98%
注:表中数据来源于印度财政部《2014—2015 财年联合预算》			

（十五）2014—2019 财年法国国防费投入情况

2013 年 12 月 18 日,法国参议院批准了第 N2013－1168 号法案——《2014—2019 年法国国防建设规划(LPM)》,在对以往财年国防投入存在的主要问题进行分析的同时,对法国未来 6 个财年的国防投入规模进行了详细规划。

根据该法案,2014—2019 财年法国国防费投入总额约为1900亿欧元(约2600亿美元)[①],其中:基础预算额度为1838.6亿欧元,可追加预算额度为61.3亿欧元。从各年度投入看,2014—2016年法国国防费投入保持在313.8亿欧元,占中央财政预算的比例在11.3%以上,占国内生产总体的比例约为1.5%。2017—2019财年,法国国防费投入呈小幅增长趋势,增长比例为3.01%。具体投入情况如下表2-8。

表2-8 2014—2019法国国防费投入情况(单位:亿欧元)

年　份	2014	2015	2016	2017	2018	2019
基础预算	296.1	296.1	301.3	306.5	315	323.6
可追加预算	17.7	17.7	12.5	9.1	2.8	1.5
总额	313.8	313.8	313.8	315.6	317.8	325.1

同时,该法案还对未来六个财年法国军队人力资源、重大装备采办项目及数量等进行规划。

1. 人力资源

该法案计划在2014—2019财年间裁减法军岗位23500个(法军现役军人和文职人员共约28万人),同时提高现役军人和文职人员的生活待遇。预计此项措

① 1美元约等于1.36欧元。

施可节约人力成本开支约9.33亿欧元。裁军后，法军规模将保持在242280人，可派遣到国外的实际作战人员将从3万人减少至1.5~2万人。

2. 装备采办

该法案计划在2014—2019财年间共投入1027亿欧元用于武器装备建设。其中，装备研发投入约为每年7.3亿欧元，优先用于网络、反潜、天基监视、未来战机等重点领域；装备采购重点聚焦在情报、空中加油、远程力量投送等关键装备，以提升部队快速反应能力和作战使用效能。主要装备采办项目如下。

一是情报与侦察监视装备。主要包括：2颗“多国天基成像系统”高分辨率光学侦察卫星；12架中空长航时（MALE）无人机；14架战术无人机等。

二是远程力量投送装备。主要包括：13架A400M军用运输机；2架多功能加油运输机（MRTT）等。

三是作战飞机。主要包括：26架“阵风”多用途战斗机；6架“幻影”2000－D战斗机；15架“大西洋”2（ATL2）远程海上巡逻反潜机等。

四是作战舰艇。主要包括：1艘“梭子鱼”级核动力攻击型潜艇；5艘欧洲多任务护卫舰（“阿基坦”级护卫舰)等。

五是陆战装备。主要包括:102 辆 VBCI 轮式步兵战车;92 辆“恺撒”轮式自行火炮;16 架“虎”式武装直升机;41 架 NH－90 型运输直升机。

(十六)北约面临国防预算的削减压力

2014 年 9 月初,《简氏防务周刊》发布报告,在对 2012—2014 财年全球国防预算进行分析后认为,北约大部分成员国近年来国防预算呈下降趋势,其中包括美国、加拿大、西班牙、意大利等国家,这说明北约正面临国防预算缩减的巨大压力。

1. 北约国家国防预算下滑态势明显

简氏集团的研究显示,在 2012—2014 年全球国防预算下降最快的 20 个国家中,北约成员国有 13 个,其中:斯洛文尼亚国防预算年均下滑幅度超过 10%,美国、加拿大和克罗地亚年均在 6%～7%之间,丹麦、匈牙利、希腊、西班牙、荷兰等国家年均在 4%～6%之间,其余 4 个国家年均在 2%～4%之间。在同期全球国防预算增长最快的 20 个国家中,北约只有波兰和爱沙尼亚两个国家。北约国家国防预算总额已从2003年占全球国防预算总额的69%，下滑到2014年的不足60%。

与北约国家国防预算急剧下滑相反，近年来俄罗斯国防预算却呈迅猛增长趋势。2011年，俄罗斯国防预算达到570亿美元。2012年，俄罗斯超越了英国，国防预算在全球排第三位。2014年，俄罗斯国防预算达到780亿美元。2011年以来，俄罗斯国防预算增长了36.84%。据简氏周刊预测，到2016年俄罗斯国防预算将达到980亿美元，超过德国和法国的总和。

2. 北约峰会力促北约各国增加国防预算

2014年9月初，北约在英国威尔士举行各成员国领导人会议，并将敦促各成员国增加国防预算支出列入会议的重要议题之一。在会议闭幕时，北约各成员国领导人达成共识，承诺在未来十年将国防预算占国内生产总值(GDP)的比例提高到2%，且将国防预算中的20%用于采购新型武器装备，从而解决北约成员国国防预算降幅过快等问题。

同时，会上北约秘书长拉斯穆森还特别强调，北约各成员国必须停止削减国防预算，并逐步增加国防开支，以“进一步巩固这一跨大西洋组织的联盟，确保大西洋两岸更公平地分担成本”。

3. 北约国防开支下降趋势短期内无法扭转

据统计，近年来美国国防预算支出占北约整个国防预算支出的比例超过2/3。然而，受全球金融危机等影响，美国在2011年通过的《预算控制法案》中规定，2012—2021财年间联邦财政预算要削减2.1万亿美元，其中国防部要承担50%，即达1.05万亿美元，未来美国国防预算支出下滑已成定局，从而势必带动北约整个国防预算支出的下降。

另外，在28个北约成员国中，只有美国、英国、希腊和爱沙尼亚四个国家国防预算占国内生产总值的比例达到或超过2%。而英国国防大臣迈克尔·法伦日前表示，无法承诺在2015年5月英国大选后确保英国国防预算保持在国内生产总值的2%以上。

（十七）美国自动减赤对美军的影响研究

2010年底，美联邦政府累积国债接近国会规定的14.29万亿美元上限，相当于当年国内生产总值的92.28%，远远超过国际警戒线的60%水平。为避免政府关门和债务违约，美国会于2011年8月通过了《2011年预算控制法案》，在将国债上限提高到16.39万亿美元的同时，规定在2021年前减少财政支出2.1万亿美元，使债务减回到14.29万亿美元的上限。从2013—2014财年美国防支出的削减情况、军队采取的应对措施及反应来看，财政减赤正在对美装备建设、战备训练、军队人员、国防工业等方面产生一定的影响。

1. 减赤的产生背景

（1）联邦政府债务的急剧增加。国债上限是具有美国特色的一种债务限额发行制度，是指美国国会批准的一定时期内美国联邦政府国债最大发行限额。为防止联邦政府随意发行国债、避免出现债务膨胀后“资不抵债”等问题的发生，1917年，美国会通过了《第二次自由债券法案》，以立法形式对联邦政府的融资额度做出了限制，并规定一旦超出这个限制，联邦政府就不能再发债。然而，受经济结构与消费方式、庞大的社会保障体系、巨额的国防开支以及长期赤字财政政策等影响，美联邦政府的债务多次突破上限。为维持联邦政府的正常运转，美国会不得不多次通过新的法案调整国债上限，允许联邦政府发行国债。从1917—2013

年,美国国会共调整国债上限达85次之多。

2008年,美国次贷危机爆发,引发全球财政经济危机,导致美联邦政府财政赤字大幅增加,债务急剧上升,至2010年底累积国债接近国会规定的14.29万亿美元上限,相当于当年国内生产总值的92.28%,远远超过国际警戒线的60%水平①。为避免政府关门和债务违约,美联邦政府只能主要依靠增加税收、减少政府预算支出等办法解决巨额债务问题。但是,共和党却坚决反对增加税收,这样,采取财政减赤措施,减少联邦政府预算支出,就成为美国最现实的选择。

经过多轮讨价还价,美国会民主、共和两党达成协议,于2011年8月通过了《2011年预算控制法案》,规定将联邦政府的国债上限提高到16.39万亿美元,同时规定在2021财年前通过主动削减和自动减赤两个途径削减2.1万亿美元,将美国债务减回到14.29万亿美元的上限。

(2)国防预算的急剧上升。在美国历史上,每次重大战争结束后,国防预算都要经历一次大幅度削减。据《2013财年国防预算的优先顺序与选择报告》统计,

---

① 李雪莲,魏民.美国国债危机与解决前景.国际问题研究,2011年第5期。

朝鲜战争和越南战争后美国国防支出都经历了大幅度下降，仅仅两次战争结束后的7年，美国防支出就比战争期间最高峰分别下降了20%和25%。

“9·11”事件后，受伊拉克战争、阿富汗战争等影响，美国国防支出呈急剧上升的趋势。据统计，美国国防支出从2002财年的3451亿美元上升到2010财年最高峰的6910亿美元，增幅超过一倍，其中国防基础预算支出增幅为60.8%，而海外应急作战经费支出则增幅高达近9倍。这样高的国防经费投入在一定程度上影响了美国内经济建设，尤其是对美国教育、社会福利产生重大影响。另外，次贷危机爆发后，美国经济受到了沉重的打击，急需增加投入进行刺激。在这种情况下，美国联邦政府决定实施财政减赤政策，大幅度削减占联邦财政支出近20%的国防支出（见表2-9）。

表2-9 “9·11”后美国防费支出情况(单位:10亿美元)

项　目	2002	2003	2004	2005	2006	2007
基础	328.2	364.9	376.5	400.1	410.6	431.5
海外应急作战/补充	16.9	72.5	90.8	75.6	115.8	166.3
其他	0	0	0.3	3.2	8.2	3.1
合计	345.1	437.4	467.6	478.9	534.6	600.9

（续）

项　目	2008	2009	2010	2011	2012	2013
基础	479.0	513.2	527.9	528.2	529.9	495.5
海外应急作战/补充	186.9	145.7	162.4	158.8	115.1	82.0
其他	0	7.4	0.7	0	0	0.1
合计	665.9	666.3	691.0	687.0	645.0	577.6
注:1. 数据来源于《2015 财年美国国防预算报告》; 2. 表中数据为各年的实际支出数						

2. 减赤的基本情况

（1）减赤内容。根据《2011 年预算控制法案》的规定,2021 年前美联邦政府将通过主动减赤和自动减赤两个途径实现 2.1 万亿美元的财政削减目标。

① 主动减赤。从 2012 财年开始,联邦政府各部门在每财年上报预算时按规定主动削减预算,即主动减赤,其目标是在未来十年联邦政府主动削减 0.9 万亿美元。作为联邦政府的重要组成部门,国防部是主动减赤的重点,在未来十年至少要主动削减 4870 亿美元,其中前五年要主动削减 2590 亿美元。

② 自动减赤。在明确主动减赤额度的同时,国会成立了由民主和共和两党各 6 名议员组成的联合赤字委员会(也称“超级委员会”),商议在 2021 年前再削减

至少1.2万亿美元的自动减赤方案。按照规定,如果联合赤字委员会在2012年12月底前达不成削减方案,美将于2013年1月1日启动“自动减赤机制”,即每财年在主动减赤的基础上再强制联邦政府各部门削减至少1090亿美元,以实现1.176万亿美元的联邦政府预算的总削减目标。

2013年1月3日,两党未能就减赤方案达成一致。为保证联邦政府运作,国会通过了《美国纳税人减税法案》,在提高高收入纳税人税率和延长多项税收优惠政策的同时,决定将自动减赤机制启动时间推迟至2013年3月1日。3月1日晚,奥巴马被迫签署命令,正式启动自动减赤机制。

(2) 2013财年减赤情况。尽管3月1日财政自动减赤机制已启动,但3月26日奥巴马批准的《2013财年国防拨款法案》并未自动削减国防支出。按照《2011年预算控制法案》、总统减赤命令等要求,国防部于6月中旬向国会联合减赤委员会提交了《2013财年国防部减赤报告》,确定2013财年国防部减赤额度372.17亿美元,减赤比例7.1%。

① 国防部各部门减赤情况。从国防部各部门看,由于陆军装备一般为常规装备,且军队需求比较稳定,因此海军、空军成为2013财年美军减赤的重点,其减

赤额度和比例均处于较高水平。其中,陆军减赤76.04亿美元,减赤比例5.9%;海军减赤107.11亿美元,减赤比例7.4%;空军减赤100.18亿美元,减赤比例7.5%;国防部业务局减赤88.84亿美元,减赤比例7.4%(见表2-10)。

表2-10 国防部各部门减赤情况

项 目	减赤基数/亿美元	减赤额度/亿美元	减赤比例
陆军	1291.74	76.04	5.9%
海军	1451.52	107.11	7.4%
空军	1334.05	100.18	7.5%
国防部业务局	1199.78	88.84	7.4%
总 计	5277.1	372.17	7.1%

② 国防部各项目减赤情况。从项目支出看,美国防预算包括科研费、采购费、活动与维持费①、军事建设费、军职人员费、周转与管理基金、信托基金、家庭住房费等预算(见表2-11)。

从国防部各预算项目看,受文职人员经费削减幅度较大的影响,活动与维持费是2013财年美军国防预算减赤的重点,其减赤规模超过其他各项目减赤额度

① 文职人员经费在活动与维持费中。

之和。其中,科研费减赤 60.55 亿美元,减赤比例 8.1%;采购费减赤 97.9 亿美元,减赤比例 6.7%;活动与维持费减赤 203.27 亿美元,减赤比例 7.2%;军事建设费减赤 8.21 亿美元,减赤比例 4.4%;家庭住房费减赤 1.88 亿美元,减赤比例 6.7%;周转与管理基金减赤 0.32 亿美元,减赤比例 1.1%;信托基金减赤 0.039 亿美元,减赤比例 13.0%。

需要指出的是,为吸引和保留优秀人才,根据《2011 年预算控制法案》的规定,军职人员经费不在此次国防预算减赤的范围,因此 2013 财年军职人员经费预算没有削减。

表2-11 国防部各预算科目减赤情况

科 目	减赤基数/亿美元	减赤额度/亿美元	减赤比例
科研费	745.65	60.55	8.1%
采购费	1465.18	97.9	6.7%
活动与维持费	2822.48	203.27	7.2%
军事建设费	186.11	8.21	4.4%
家庭住房费	27.97	1.88	6.7%
周转与管理基金	29.38	0.32	1.1%
信托基金	0.299	0.039	13.0%
军职人员费	1496.5	0	0

(3) 2014 财年减赤情况。根据《2011 年预算控制法案》的规定,2021 年前行政管理和预算局每年需向总统和国会财政赤字联合委员会提交三份减赤报告:《减赤预估报告》《减赤修正报告》和《最终减赤报告》,分别在年初、年中和年末估算出下一财年联邦政府各部门预算上限情况和减赤比例及金额,作为国会审查下一财年联邦预算以及确定各部门减赤项目和金额的基本依据。因此,2014 年 4 月 10 日,在总统向国会提交《2013 财年美国联邦预算》的同一天,美行政管理和预算局向总统和国会财政赤字联合委员会提交了《2014 财年减赤预估报告》,测算出 2014 财年联邦政府各部门应减赤金额仍为 1093.33 亿美元,国防领域和非国防领域仍按各分摊一半的比例进行减赤,其额度为 546.67 亿美元,减赤比例平均为 9.77%,其中国防部应承担 520 亿美元,剩余经费由能源部和政府其他部门承担。截至目前,美国防部仍未公布 2014 财年国防预算减赤的具体内容和项目。

3. 对国防建设的影响

根据美国防部《2013 财年国防预算的优先顺序与选择报告》《2013 财年国防部减赤报告》《2014 财年国

防预算的优先顺序与选择报告》,以及近期美国防部和各军种提出的削减措施和反应,国防预算削减已经或将对美国防建设产生一定的负面影响。

(1) 削减装备采办经费,一定程度上延缓美军装备建设进程。武器装备数量和质量的优势是美绝对军事优势的集中体现。近年来,装备采办经费(主要包括科研费和采购费)削减超过 300 亿美元,迫使美军调整、延缓或停止部分装备建设项目,一定程度上延缓了美装备建设进程。

从科研费减赤看,2013 财年涉及到的科研项目主要有:陆军的电子战发展、炮兵系统、“爱国者”/中程增程防空系统联合计划等,海军的 F-35 战斗机、CH-53K 直升机、多功能海上飞机等,空军的天基红外系统、F-35 战斗机、KC-46 加油机、B-2 防御管理系统等。这些项目科研经费的减赤在一定程度上将影响美军在多个领域的技术优势,并可能延缓美军在战略防御、空海一体战等主要领域的武器装备现代化进程。

从采购经费减赤看,2013 财年前 10 名项目有:F-35 战斗机(8.155 亿美元)、DDG-51 驱逐舰(5.027 亿美元)、“弗吉尼亚”级潜艇(4.923 亿美元)、P-8 飞机(2.342 亿美元)、F-18E/F“大黄蜂”战斗机(2.213 亿美元)、近海战斗舰(1.842 亿美元)、CVN 航母(1.763

亿美元)、UH－60“黑鹰”直升机(1.283亿美元)、“三叉戟”Ⅱ导弹改型(1.121亿美元)和CH－47“支奴干”直升机(1.118亿美元)(见表2－12)。

表2－12　2013财年采购经费减赤的前10名项目

(单位:百万美元)

项　目	2013财年批准	2013财年减赤
F－35联合攻击战斗机	5240.0	－815.5
DDG－51驱逐舰	3035.3	－502.7
“弗吉尼亚”级潜艇	3213.4	－492.3
P－8飞机33	2382.1	－234.2
F－18E/F“大黄蜂”战斗机	2578.2	－221.3
近海战斗舰	1782.6	－184.2
CVN航母	1746.1	－176.3
UH－60“黑鹰”直升机	1304.4	－128.3
“三叉戟”Ⅱ导弹改型	1198.3	－112.1
CH－47“支奴干”直升机	1184.5	－111.8
合　计	23664.9	－2,978.8

根据2013年10月23日各军种主管装备的助理部长在国会的证词,2014财年自动减赤将对装备建设产生影响,其中:陆军将主要削减陆航装备、精确制导弹药、防空反导系统的采购,包括23架直升机、285枚“神剑”精确弹药,以及20枚导弹段增强型“爱国者－3”导

弹等。海军及海军陆战队将主要削减各型作战飞机、制导弹药、导弹等的采购，包括 F－35 战斗机、E/A－18G 电子战飞机、E－2D“先进鹰眼”预警机等 10 个机型 25 架飞机以及“战斧”巡航导弹、先进反辐射导弹等 5 个型号 246 枚精确制导导弹。空军将推迟 F－35 战斗机飞行软件的测试进度，并推迟新“空间篱笆”项目合同的授予。

从分析可以看出，上述装备采购项目经费的削减，对美军侦查、攻击、防御、运输等任务将产生一定影响，并可能在一定程度上降低美军远程打击、全球机动作战、空中投送等能力。

（2）削减训练保障经费，一定程度上降低美军战备训练水平。良好的训练保障水平是美军战斗力提高的根本保证。减赤机制启动后，2013 财年陆海空三军均不同程度的减少了训练时间和演习次数，如陆军取消 7 个旅级战斗队和所有非战斗部队在合成训练中心（CTC）的轮训安排；空军削减 18%（约 20 万个小时）的飞行训练时间；海军分时段封存“斯滕尼斯”号、“艾森豪威尔”号、“里根”号和“罗斯福”号航母以及被迫推迟或取消在西太平洋地区 1/3 的海军演习等；空军计划大幅减少新型装备的飞行训练，并将飞行员训练时间减少约 1 个月，只达到“可接受的战备水平”。

根据2013年9月18日陆军参谋长、海军作战部长、空军参谋长和海军陆战队司令在国会的证词，2014财年自动减赤将对战备训练水平产生影响，其中：陆军将有85%的现役和预备役部队无法满足规定的训练时间和演习次数；海军将仅有一个机动航母战斗群和一个两栖战斗群可以为战场提供增援。而按照美军"舰队反应计划"的要求，一般需要2~3个航母战斗群来保障部队作战任务的部署。空军将被迫削减高达15%的飞行训练时间，大幅削减重大演习次数，并可能退役550架飞机。

美军战备训练的减少和取消，已经或将降低美军人员和作战系统的执行效率和水平，阻碍其作战要素的耦合、作战系统的融合和作战体系的整合，继而可能对美军的协同作战能力和快速行动能力带来较深层次的影响。

（3）减少军队工资福利，一定程度上降低美军对优秀人才的吸引力。为军队人员提供优厚的生活待遇，吸引优秀人才献身国防，是美国政府长期奉行的政策。财政减赤的实施，迫使美军降低军人工资的增速、强迫文职人员无薪休假等，一定程度上降低了美军对优秀人才的吸引力。

① 对军职人员工资福利的影响。《2000财年国防

授权法案》规定,从2000财年起美军军人工资按比“雇用成本指数”(衡量非军事部门全职工作人员年均工资增长情况)高0.5个百分点的速度增长,从而确保军人工资收入高于非军事部门的工作人员。从表2-13可以看出,2010财年以前的20年来,美军军职人员工资均以超过2.0%的速度增长,最高增幅年份为2002财年,达6.90%。尽管《2011年预算控制法案》规定军职人员经费不在此次国防减赤之列,但为实现国防费削减的目标,国防部不得不通过降低军职人员工资增速的方式减少对军职人员的经费投入。据近年来美国防预算报告预测,2011—2014财年,美军职人员工资增速均低于2.0%,2014财年甚至仅增长1.0%,远低于现行法律规定的增幅。

工资增幅的减缓,导致军职人员工资福利下降,部队对优秀人员的吸引力降低,招兵难度进一步加大。

表2-13 1989—2014年军人工资增长情况

年　份	军人工资增长率
1989	4.10%
1990	3.60%
1991	4.10%
1992	4.20%
1993	3.70%

（续）

年　份	军人工资增长率
1994	2.20%
1995	2.60%
1996	2.40%
1997	3.00%
1998	2.80%
1999	3.60%
2000	6.20%
2001	4.10%
2002	6.90%
2003	4.70%
2004	4.20%
2005	3.50%
2006	3.10%
2007	2.70%
2008	3.50%
2009	3.90%
2010	3.40%
2011	1.40%
2012	1.60%
2013	1.70%
2014	1.00%

② 对文职人员工资福利的影响。据统计，自2001年以来，美军文职人员增幅达14%，目前美军有文职人员约80万人，主要从事装备采办管理、部队后勤保障等工作。财政减赤实施后，2013财年美军强制67万名（约占84%）文职人员无薪休假6天，节约经费支出12亿美元；2014财年美军将裁减10.8万名文职人员。另外，美军还通过鼓励文职人员提前退休、辞退部分合同制人员、冻结人员招聘等方式进一步压缩保障性支出。

强制无薪休假、压缩文职人员规模，导致文职人员工资福利下降，影响装备采办计划完成，降低医疗、家庭服务等保障水平。

（4）削减装备经费规模，一定程度上威胁国防工业基础。美国国防工业发展严重依赖于军队投资。美军装备经费投入的削减致使各军种延缓、调整和中止部分科研、采购和维修合同，装备订单数额下降，国防工业基础将受到一定程度的影响。一是企业收益在一定程度上受到损失。例如，2013年上半年，洛马公司净销售额下降3.2%，其中航空公司下降7.3%；导弹系统与训练公司下降6.7%。如果国防预算减赤按计划进行，2014财年国防工业企业收益可能还会受到一定损失。二是供应链受到一定影响。随着装备采购数量的减少、部分装备维修升级计划的取消，许多专业性中小企业的业务量不断下降，从而不得不放弃国防领域，转向其他商业领域，而作为主承包商的大型企业也不得不承担应由中小企业完成的任务，导致专业分工退化，企业间的供应链将受到一定影响。三是由于相关企业任务不足，使其被迫裁员并缩小规模。

4. 对美财政减赤影响的基本判断

美国为期十年的财政预算减赤机制已启动三年多。美国防预算削减超过1000亿美元，在一定程度上对美军装备建设、战备训练、军队人员、国防工业等产生了负面影响。但是从内容看，削减的经费多为反恐战争后膨胀的战争支出，削减的装备多为不急需发展或成本较高以及过时的项目，美军仍能通过调整、改革、转型等措施实现新的战略平衡，继续保持全球军事优势。因此，总的来说，财政减赤对美国防和军队建设的负面影响是有限的，不会严重危及到美军事战略的调整和整体能力的提高。

（1）“重返亚太”战略不会改变。近两年来，美国防预算削减超过千亿美元，一定程度上影响了美全球战略的实施。但为彰显美在亚太地区的影响力，对处在成长中的中国形成强大的现实或心理上的打压态势，抑制、削减中国崛起进程中对全球及亚太地区政治经济秩序形成的现实冲击，同时防止传统亚洲盟国的离心倾向，美在国防预算削减的巨大压力下仍不会放弃“重返亚太”的军事战略。美国防部长哈格尔在2013年3月4日（美自动减赤启动后三天内）的电视讲话中称，预算削减虽将危及军力，但不会影响美国战略重心东移；在2013年7月31日的新闻会上指出，国防预算削减可能大幅减少陆军人数、航空母舰和战机数量，但美军将继续提升战备能力、强化作战能力，服务于美国战略重心向亚太地区转移的政策。国防部主管财务工作的副部长卡特在2013年4月8日的讲话中强调，国防预算已将可直接用于亚太地区平台和能力的发展列为优先的投资方向，“重返亚太”战略将持续推进。为此，在近年来国防预算削减的大背景下，美军仍将国防支出的重点投向亚太地区，以支持推进“亚太再平衡”战略的实施。主要包括：2013财年增加7800万美元向关岛增派一艘攻击性潜艇；未来五年投入3亿美元对珍珠港进行清淤，以“方便航母停泊”；将驻日冲绳海军陆战队转至关岛的预算从2013财年的2600万美元大幅增加至8600万美元，把关岛“建成美国亚太战略的支点”。此外，美军还将大量先进武器集中部署在亚太地区：空军将在关岛永久部署一个轰炸机中队，向澳大利亚或关岛增派情报、监视和侦察飞机，在东南亚地区分散部署轰炸机和空中加油机，增加部署 F-22、EA-18G“咆哮者”电子战飞机等；海军将向关岛部署第二个由 3 艘攻击型潜艇组成的中队，向珍珠港增派第二个两栖戒备大队，向澳大利亚部署一支航母打击群，向韩国轮换部署 2 艘近海战斗舰，到 2020 年 60% 的海军力量将常驻亚太地区。

因此，尽管面临巨大的预算削减压力，美军仍将加强在亚太地区的军事存在，积极打造有利于美国的新的亚太战略布局，形成以夏威夷和澳大利亚为第一梯队，以日本、韩国、菲律宾和中国台湾为第二梯队，以越南和印度为第三梯队的新三个梯队，重新构建对中国的军事包围。

（2）装备整体作战能力不会明显下降。尽管美财政减赤机制启动后美装备建设经费削减达数百亿美元，但从装备建设投向看，美军主要减少和调整部分成本增长超过承受能力、价格昂贵、资金投入过大、技术瓶颈短期难以攻克以及装备数量饱和等项目的经费投入，将投资重点放在能提高核心作战能力和反制“反介入/区域拒止”威胁的装备项目上，“保障新兴军事能力的投资”，继续确保对其他国家的绝对技术优势，同时有针对性地发展远程打击和压制能力、海上作战能力、导弹防御能力、空间对抗能力、网络和电磁攻防能力，大力加强远程快速打击武器、新型潜艇、新一代隐形轰炸机、反导系统、天基系统等先进武器装备建设。

因此，从长远看，虽然财政减赤对美装备建设进程有一定的负面影响，但对其装备作战能力的影响是有限的。随着重点投资的装备不断列装、对核心作战能力建设的持续关注以及装备结构的不断优化调整，美军在空天控制、战略威慑、全球快速机动及打击、远洋作战等方面能力还将进一步得到提升，美军装备作战的全球绝对优势地位仍将无法撼动。

（3）部队战备训练水平影响不大。从美政府问责局分析看，为保持和提高国防预算削减条件下作战部队的战备训练水平，2013 年美军各军种优先保障“部署部队、准备部署部队和海外驻军的战备训练经费”，而主要削减的是非部署部队的战备训练经费和时间。另外，为应对国防预算削减压力，提高军队的战备训练水平，美军还采取了其他训练方式：一是增加模拟器训练时间。为提高训练保障能力，美军在实兵训练任务削减的情况下，积极适应未来高技术战争的要求，增加了模拟器训练的时间，尤其是加大了非部署部队的模拟器的训练力度。二是举行联合军事演习。为保持在亚太地区的战略威慑能力，美军在战备训练任务减少的情况下，积极与盟国进行联合军事演习，并要求盟国承担部分演习费用。如 2013 年伊始美日进行多次联合夺岛演习、4 月初美菲举行第 29 次“肩并肩”例行联合军事演习等。

尽管国防预算削减对美军战备训练产生了一定负面影响，但由于部署部队、准备部署部队和海外驻军的战备训练时间基本上没有减少，再加上美军采取模拟器训练、联合军事演习等训练方式来减轻经费削减压力，因此总的来说，国防预算削减对部队战备训练的影响是有限的，美军的整体战斗力水平仍将持续得到提高。

（4）国防工业基础不会受到严重威胁。从上述分析看，美国防预算削减对国防工业发展的影响固然存在，但尚不足以令美国防工业基础“伤筋动骨”：一是财政减赤启动后，美国防预算仍然庞大，国防工业企业每年仍能拿到 3000 亿美元以上的新装备合同，足以支持国防工业的持续发展；二是国防工业基础是美政府重点保护的对象。在近期发布的有关顶层文件中，美国均强调要进一步提升国防工业基础的战略地位，并积极寻求财政减赤应对措施，例如改革武器出口控制政策，放松出口管制，进一步抢占国际军火市场，确保国防工业企业的盈利能力。三是利用重大装备项目带动国防工业发展。近年来,美军不断加大重大装备项目的研发投入力度,如新一代隐形轰炸机、高超音速飞行器、新一代无人机等,以期降低国防预算削减对国防工业的影响,带动国防工业持续发展。

因此,国防预算削减一定程度上给某些承包商带来收益上的损失,或造成某些行业的规模缩减,甚至某些研发能力暂时流失,但从长期看,这些负面影响不会对国防工业造成实质性损伤,国防工业基础不会受到严重威胁。

从历史上看,自 1917 年国会规定债务上限以来,美已 85 次调整债务上限。从当前形势看,美正采取多种措施刺激经济增长,经济形势正逐步好转。从国内政治看,两党为赢得国会选举、总统选举而调整策略的可能性不能排除。从国内反应看,各部门尤其是军方为少削减或不削减财政支出正与国会进行激烈斗争。因此,美国财政预算减赤机制能否执行十年,受债务上限、经济状况、两党斗争、部门反对等因素的影响,还存在较大变数。

三、2014 财年世界国防费大事记

- 2014 年 2 月

2014 年 2 月 5 日,伦敦战略与国际研究中心(IISS)发布了《军事平衡:2014》年度报告,对 2013 财年全球国防支出的总体情况、各地区国防支出以及世界主要国家国防支出情况进行了统计和分析。报告认为,在 2013 财年全球国防支出排名前 15 位的国家中,美国以 6004 亿美元高居榜首,略低于后 14 位国家国防支出总和,全球第一军事强国的地位在未来几十年里不会发生变化;中国为 1122 亿美元,位居第二,并可能在 2030 年赶上美国,但整体军事实力需再经 20 至 30 年才能与美国看齐;俄罗斯为 682 亿美元,位居第三,并在未来 3 年提高 44%;沙特为 596 亿美元,位居第四;受连续几年国防支出削减的影响,英国仅有 570 亿美元,并从上财年的第三位下滑至第五位。法、日、德、印、巴西、韩、澳、意、以色列、伊朗等国家国防支出排名分别为第 6 至第 15 位。

2014 年 2 月 14 日,日本防卫省公布了《日本防卫项目和预算计划:2014 财年预算概览》,详细介绍了2014 财年日本的防卫项目和预算投入重点。一是确保日本周边海域和空域安全方面的预算,防卫省计划投入 2731 亿日元;二是应对偏远岛屿的远程攻击方面的预算,防卫省计划投入 1361 亿日元;三是应对弹道导弹攻击方面的预算,防卫省计划投入 288.4 亿日元;四是应对外空及网络方面,防卫省计划分别投入 541 亿日元和 205 亿日元。

2014 年 2 月 17 日,印度财政部向国会提交了 2014—2015 财年中央政府财政预算报告,详细说明了国防部以及其他各政府部门的财政预算情况,2014—2015 财年印度国防预算总额为 22400 亿卢比,约合 364 亿美元,较 2013—2014 财年增加 2032.8 亿卢比,增幅达 9.98%,高于上一财年增幅(5.31%)。国防预算占国内生产总值比例为 1.74%,占中央财政预算支出比例为 12.70%,较上一财年增加 0.5 个百分点。由于印度官方公布的国防预算中并未包括国防部业务局和退休金的经费投入,2014—2015 财年这两项预算金额分别为 520.29 亿卢比和 5000 亿卢比,因此 2014—2015 财年印度国防预算实际数额为 27920.29 亿卢比,约合 453.7 亿美元,较上一财年增加 10.21%。

- 2014 年 3 月

2014 年 3 月 4 日，美国总统奥巴马签署了《2015 财年美国国防预算》报告，明确了 2015 财年国防预算的投入重点和规模。受财政减赤等影响，2015 财年美国联邦政府申请的国防基本预算为 4956 亿美元，较 2014 财年执行数（4960 亿美元）减少 4 亿美元，其中用于加快主要装备改造升级和提高战备水平的“机遇、增长和安保倡议”预算为 264 亿美元。从支出内容看，2015 财年美国防预算投入重点为：推进“亚太再平衡”战略、打击恐怖主义活动、提高军队人员生活待遇水平、发展高技术装备等。另外，美国防部还申请海外应急作战预算 794 亿美元，较 2014 财年执行数（852 亿美元）减少 58 亿美元。

2014 年 3 月底，美国政府问责办公室发布了《选择性武器装备项目国防采办评估报告》，对 2013 年总价值达 1.5 万亿美元的 80 项重大武器装备采办项目的成本和进度情况进行了评估，成本增长了 126 亿美元，增幅为 1.0%，进度平均拖延 2 个月。受采购数量减少及部分项目经验不足等影响，80 项重大武器装备采办项目中有 50 项的采办成本有所下降。

- 2014 年 4 月

2014 年 4 月 14 日，斯德哥尔摩国际和平研究所发布了《2013 年世界军事支出》报告,对 2013 年全球军事支出变化情况及其原因进行了分析。报告统计,2013 年全球军事支出为 17470 亿美元,较上年下降了 1.9%,为 2012 年以来连续第二年下降。世界排名前 15 位国家变动幅度不大,世界热点地区军事支出增幅明显。

- 2014 年 8 月

2014 年 8 月 30 日,日本防卫省公布了《日本的防卫和概算》,提出了包括"冲绳问题特别行动委员会关系经费"和"美军重编关系经费"在内的 2015 财年日本防务经费概算达 50545 亿日元(合 521 亿美元①),比 2014 财年增加 1697 亿日元,增幅为 3.5%,是安倍上台以来防务预算最大增幅的年份。

- 2014 年 6 年

2014 年 6 月 26 日,美国联邦政府正式向国会提交了《2015 财年海外应急行动预算》,确定了 2015 财年美国反恐战争、维和行动等经费的投向投量。此份预算是在美从阿富汗撤军、"伊拉克和黎凡特伊斯兰国"(ISIS)等恐怖势力猖獗、乌克兰危机持续发酵的大环

① 在《2015 财年日本的防卫和概算》中,按 1 美元等于 97 日元计算。

境下制定的，总额高达658亿美元，其中：国防部海外应急行动预算金额586亿美元，较2014财年减少了209亿美元，降幅为26.28%；国务院和其他国际项目预算金额达73亿美元。从海外应急行动预算投向上来看，主要用于从阿富汗撤军、设立“反恐伙伴基金”和实施“欧洲保障计划”等。

• 2014年11月

2014年11月26日，国际著名智库——俄罗斯世界军贸分析中心发布了《世界军贸统计与分析年鉴——2014》，在统计和分析2006—2013财年世界主要国家武器装备进出口情况的同时，对同期世界国防支出总体情况、各地区国防支出情况以及世界主要国家国防支出情况进行了统计和分析。《年鉴》认为，虽然近年来全球经济危机使美、欧等国家国防支出增幅减缓，但受部分地区安全形势恶化等影响，2006—2013财年世界国防支出仍呈逐年上升趋势。从绝对规模看，同期世界国防支出总额达121374.19亿美元（当年币值，下同），从2006财年的11768.34亿美元增长到2013财年的17059.48亿美元，增幅达44.96%。其中，经济危机前（2006—2008财年），世界国防支出从11768.34亿美元增长到15149.73亿美元，增幅为28.73%；经济危机后（2009—2013财年），世界国防支出从15337.90亿美元增长到17059.48亿美元，增幅仅有11.22%。从相对规模看，2006—2013财年，世界国防支出占国内生产总值的比例为2.40%，其中2009财年最高，达2.63%；2007财年最低，为2.29%。